ANTÓNIO CAEIRO
Procurador-Geral Adjunto
Consultor Jurídico da Comissão das Comunidades Europeias

AS SOCIEDADES DE PESSOAS
NO
CÓDIGO DAS SOCIEDADES COMERCIAIS

COIMBRA

1988

Separata do número especial do Boletim da Faculdade de Direito de Coimbra — «Estudos em Homenagem ao Prof. Doutor Eduardo Correia» — 1984

ABREVIATURAS

BFDC	— Boletim da Faculdade de Direito de Coimbra
BMJ	— Boletim do Ministério da Justiça
C.J.	— Colectânea de Jurisprudência
C.S.C.	— Código das Sociedeades Comerciais
Doc. Dir. Comp.	— Documentação e Direito Comparado
RDE	— Revista de Direito e Economia
RDES	— Revista de Direito e de Estudos Sociais
RLJ	— Revista de Legislação e Jurisprudência
ROA	— Revista da Ordem dos Advogados
RT	— Revista dos Tribunais
Sc. Jur.	— Scientia Juridica

INTRODUÇÃO

1. Dentre as várias classificações utilizadas para as sociedades, é bem conhecida a que as divide em *sociedades de pessoas* e *sociedades de capitais* [1].

As primeiras assentam nas pessoas dos membros, na sua colaboração pessoal para o conseguimento de fins comuns, ficando em segundo plano a sua participação de capital. A qualidade de membro é pessoal, em regra não transmissível *inter-vivos* ou *mortis-causa* sem o consentimento dos outros sócios. À sociedade de pessoas não é reconhecida, em alguns sistemas jurídicos, personalidade jurídica; os sócios são titulares do património de mão comum e respondem solidária e ilimitadamente pelas dívidas sociais.

Nas sociedades de capitais, pelo contrário, o que é importante é a participação de capital, a pessoa do sócio fica em segundo plano. A colaboração pessoal do sócio na actividade social não é, em regra, obrigatória. Dado que a participação do sócio é impessoal, pode ser livremente transmitida. A sociedade de capitais tem personalidade jurídica e possui um património próprio, que responde exclusivamente (no sentido de que só ele responde e apenas responde) pelas dívidas sociais.

As sociedades de capitais organizam-se corporativamente ou colectivisticamente [2]: vigora o princípio da maioria nas deli-

---

[1] Cfr. A. CAEIRO, «A exclusão estatutária do direito de voto nas sociedades por quotas», *Temas de direito das sociedades*, 1984, pp. 18 s..

[2] Mas nem só as sociedades de capitais se organizam corporativamente; segundo alguns autores alemães, a cooperativa e a sociedadede de fim ideal são sociedades (*Vereine*) de pessoas e, no entanto, organizam-se corporativamente, cfr. M. KÜHN, *Die Minderheitsrechte in der GmbH und ihre Reform*, 1964, p. 12. Em sentido diferente, HUECK, *Gesellschaftsrecht*, 11.ª ed., 1963, p. 8, sustenta que a

berações sociais e os negócios sociais são conduzidos por um órgão especial, a gerência (*Drittorganschaft*).

As sociedades de pessoas, pelo contrário, organizam-se individualisticamente, são os próprios sócios quem conduz os negócios sociais (*Selbstorganschaft*). Como exemplo típico da sociedade de pessoas costuma apontar-se a sociedade em nome colectivo e da sociedade de capitais a sociedade anónima.

Quanto aos outros tipos de sociedade é difícil, senão impossível, classificá-los num ou noutro grupo. A este respeito fala Hueck [3] muito sugestivamente dum espectro de cores (*Farbenskala*) em que os tons variam muito lentamente. Assim, para este Autor, a sociedade em comandita simples e a associação em participação seriam sociedades de pessoas onde já se divisam alguns elementos capitalistas. Por seu lado, a sociedade em comandita por acções e a sociedade por quotas seriam sociedades de capitais com elementos personalistas (individualistas).

2. No estudo já acima citado, pusemos em causa a atitude metodológica da doutrina tradicional, tanto nacional como estrangeira, que consistia em discutir a qualificação das sociedades, especialmente das sociedades por quotas, tomando como base a sua estrutura legal, as regras que o legislador destina a cada tipo.

Na verdade, ninguém põe em causa a natureza de sociedade de pessoas da *sociedade em nome colectivo*. A responsabilidade pessoal e solidária dos sócios, a exigência de unanimidade para a transmissão da parte do sócio e para as deliberações de modificação do pacto social, a vocação natural dos sócios para o exercício da gerência e a subordinação da sua destituição à existência de justa causa, a liquidação da quota do sócio falecido, a

---

distinção entre sociedades de pessoas e sociedades de capitais diz respeito apenas às sociedades lucrativas (*Erwerbsgesellschaften*).

[3] HUECK, *ob. cit.* (n. 2), p. 9.

faculdade de exoneração e de exclusão de sócios, o princípio uma cabeça, um voto constituem indicações seguras naquele sentido, mesmo quando não são determinações imperativas.

Do mesmo modo não se questiona que as *anónimas* pertençam à categoria das sociedades de capitais, embora algumas sejam sociedades familiares, fechadas, existindo estreitas ligações entre os accionistas. Com efeito, a sua especial aptidão para aparecerem como entidades congregadoras de enormes massas de capital, a irresponsabilidade dos accionistas pelas dívidas da sociedade, a livre transmissibilidade das acções que facilita a mudança da titularidade da empresa, a entrega da gestão a terceiros que não investiram no seu capital (dissociação entre a gestão e a propriedade), a confluência de importantes interesses (dos accionistas, dos obrigacionistas e demais credores, dos trabalhadores) que exige a existência de mecanismos de fiscalização internos e externos, rigidificadores do sistema legal aplicável (a ponto de, em matéria de regulamentação destas sociedades, se dever abandonar o velho princípio de que é permitido tudo o que o legislador não proíbe e adoptar antes o de que, «no silêncio do legislador, as normas que regulam as sociedades anónimas têm carácter cogente»[4]), são tudo características que apontam com nitidez para a sua qualificação como sociedades de capitais. E nem nos poucos casos em que os sócios, fazendo uso do pedaço de autonomia que o legislador ainda lhes concedeu, modificam de algum modo o esquema legal típico (por ex., estipulando cláusulas de consentimento para a transmissão de acções, concluindo acordos parassociais sobre o exercício do direito de voto, etc.) e o aproximam um pouco do das sociedades de pessoas, nem nesses casos, dizíamos, logram retirar-lhes os elementos essenciais daquela qualificação.

---

[4] Cfr., por todos, na esteira da doutrina alemã, V. LOBO XAVIER, *Anulação de deliberação social e deliberações conexas*, 1975, p. 164.

3. As coisas apresentam-se com diverso cariz quando se analisam as *sociedades por quotas*.

Como pusemos em relevo no aludido estudo, dado o carácter dispositivo da regulamentação das sociedades por quotas, da liberdade de que os sócios gozam na estruturação concreta da «sua» sociedade, da organização que seja mais adequada à prossecução dos interesses que os levaram a associar-se, pouco ou nenhum interesse reveste a análise de tal regulamentação para aquele fim.

Na verdade, sendo embora as pequenas e médias empresas as que, de preferência, escolhem a sociedade por quotas para agir no tráfico, não deixa de haver grandes empresas (v. g., na Alemanha) que também se constituem utilizando aquele tipo social. Ora, a diversidade dos interesses, a existência dum número elevado ou não de sócios, a maior ou menor dimensão da empresa podem exigir estruturas contratuais muito diversas, dentro da autonomia deixada aos sócios pelo legislador.

Já em 1957 escreveu Simitis [5]:

«A sociedade por quotas — não como foi concebida pelos vários legisladores, mas tal como foi plasmada e transformada pela prática — não entra em nenhum dos esquemas tradicionais da dogmática do direito das sociedades. Conceitos como os de pessoa jurídica, sociedades de capitais e de pessoas, etc., encobrem, neste caso, apenas palavras de efeito. Nada pode ser mais perigoso do que cingir-se, nesta matéria, à valoração contida nos conceitos jurídicos, tentando comprimir neles a realidade, sem tomar primeiro em conta os interesses concretos em jogo.

«No domínio do direito das sociedades, nenhuma distinção é hoje tão discutida como a que as divide em sociedades de capitais e

---

[5] S. SIMITIS, «Problemi del nuovo diritto greco delle società a responsabilità limitata», em *Rivista delle Società* 1957, II, p. 1172. SOLÀ CAÑIZARES, *Tratado de Derecho Comercial Comparado*, 1963, vol. I, p. 20, é de opinião que a controvérsia clássica de saber se uma sociedade é de pessoas ou de capitais não tem utilidade nem actualidade.

sociedades de pessoas. Basta pensar em fenómenos como a sociedade em comandita de carácter capitalista e a sociedade de capitais de carácter personalista, para se adquirir a convicção de que quase não existe um tipo de sociedade de que se possa ainda dizer que possui um rigoroso carácter personalista ou capitalista. Não há pois, hoje, uma nítida distinção num ou noutro sentido, mas antes uma coexistência (*un contemporaneo accostamento*) de elementos capitalistas e personalistas dentro de um único e idêntico tipo de sociedade.

«A melhor prova disto é a sociedade por quotas. Só prescindindo da imagem ideal que ficou expressa na codificação em causa é possível classificar a sociedade por quotas como uma sociedade de capitais ou de pessoas ou como uma forma intermédia com caracteres determinados. Decerto não se pode negar que um destes tipos corresponda à construção ideal em que se inspiraram tanto o legislador italiano de 1942 como o grego de 1955. Mas a realidade fala uma linguagem bem diversa.

«A realidade não conhece um tipo único de sociedade por quotas, mas toda uma série de formas de sociedades por quotas. Na verdade, há a sociedade por quotas de carácter familiar, talvez o melhor exemplo da sociedade familiar. Existe a sociedade por quotas unipessoal, expressão de um dos mais difíceis problemas do moderno direito das sociedades. Há, finalmente, a sociedade por quotas como consórcio de empresas e, até, como forma de organização de empresas de economia mista» [5].

4. Por isso nos perguntávamos se a distinção entre sociedades de pessoas e de capitais era vã ou inútil no que à sociedade por quotas respeitava. A resposta era negativa.

As objecções levantadas àquela distinção eram (e são) pertinentes enquanto visavam a pretensão de qualificar o tipo social, partindo somente do esquema abstracto da lei. Mas o juízo

---

[5] Ver página anterior.

já era outro se a investigação incidisse nas normas de organização e de vida duma sociedade existente para, a partir delas, arrumar a sociedade numa daquelas categorias [6].

E, consoante o resultado dessa análise e qualificação, assim se haveria de recorrer a um ou outro dos tipos mais próximos (a sociedade em nome colectivo ou até a sociedade civil, no caso de se ter enquadrado a sociedade nas sociedades de pessoas; a anónima, no caso contrário) para integrar as lacunas da regulamentação legal que o contrato de sociedade não tivesse preenchido [7].

5. Na vigência da Lei de 1901, entendíamos nós que se a sociedade por quotas se constituísse, adoptando a estrutura legal prevista a título subsidiário, estava fora de dúvida o seu carácter capitalista ou predominantemente capitalista. Um tal carácter seria reforçado quando o número de sócios fosse elevado e quando nenhum ou uma percentagem insignificante participasse na administração da sociedade.

Mas se, pelo contrário, a sociedade por quotas tivesse um número reduzido de sócios, se todos ou a maior parte deles participassem na administração, se o estatuto contivesse normas que indiciassem a vontade de os sócios constituírem um grupo

---

[6] Assim retomámos e desenvolvemos ideias que já tinham sido esboçadas por FERRER CORREIA, «Sociedades unipessoais de responsabilidade limitada», na RDES, ano 1.º (1945), pp. 342 ss. e por BARBOSA DE MAGALHÃES, *As sociedades unipessoais à face da legislação portuguesa*, 1951, pp. 34 ss.

Posteriormente vieram dar-lhe o seu acordo RAUL VENTURA, «Limitações de voto em sociedades por quotas com sede ou actividade no ultramar», RT 84.º (1966), pp. 349 ss., «Apontamentos para a reforma das sociedades por quotas de responsabilidade limitada», sep. do BMJ 182 (1969), pp. 42 ss., SÁ CARNEIRO, RT 86.º (1968), p. 326, V. LOBO XAVIER, «Sociedades por quotas», Enciclopédia Polis, vol. IV.

Cfr. agora RAUL VENTURA, *Sociedade por quotas*, vol. I, 1987, pp. 29 ss..

[7] Sobre a interpretação e integração do contrato de sociedade, cfr. os nossos cits. *Temas* (n. 1), pp. 387 ss., 408 ss..

fechado, impedindo a entrada de novos membros no grémio social (cláusulas permitindo a amortização de quotas, verificados determinados pressupostos, concedendo um direito de preferência ou exigindo o consentimento da sociedade nos casos de transmissão de quotas), se, porventura, o estatuto não pudesse ser alterado senão por unanimidade, então a sociedade por quotas em causa seria, sem dúvida, uma sociedade de carácter personalista.

A observação da realidade societária, a partir dos escassos dados disponíveis, permitiu-nos concluir que a grande maioria das sociedades por quotas existentes em Portugal era constituída por sociedades de estrutura personalista, apesar de o esquema legal supletivo apontar para uma estrutura de tipo capitalístico [8]. O que acontecia é que as partes faziam largo uso da liberdade de estipulação deixada pelo legislador para moldar à sua feição o estatuto social mais conveniente.

Daquela qualificação retirávamos importantes consequências práticas: admitíamos a exoneração e a exclusão de sócios, com fundamento em justa causa, ainda que o pacto fosse omisso a esse respeito; aceitávamos que o tribunal se substituísse à sociedade, suprindo a recusa do consentimento desta, exigido pelo contrato social para a cessão de quotas, quando tal recusa fosse contrária aos bons costumes ou à boa fé; defendíamos a licitude da concessão ao sócio do direito especial à gerência e a possibilidade de destituição judicial do gerente, com fundamento em justa causa [9].

O legislador de 1986 teve plena consciência das realidades às quais a regulamentação legal se ia aplicar, abandonando a perspectiva do legislador de 1901. Diga-se que o carácter

---

[8] Cfr. «A exclusão» cit. (n. 1), pp. 40 ss..
[9] «A exclusão» cit., pp. 49 ss., «As cláusulas restritivas da destituição do sócio-gerente nas sociedades por quotas e o exercício do direito de voto na deliberação de destituição», *Temas* cit. (n. 1), pp. 161 ss., «A destituição judicial do administrador ou gerente de sociedade civil, em nome colectivo ou por quotas», *Temas* cit. (n. 1), pp. 301 ss..

personalista das novas regras está patente em todos os projectos que para tal fim foram elaborados [10].

A justeza da qualificação do novo esquema legal das sociedades por quotas como personalista ressaltará da exposição que adiante dele faremos e da qual agora nos dispensamos. Não queremos, no entanto, deixar de pôr em relevo dois traços significativos da nova regulamentação legal. O primeiro diz respeito ao direito à informação, atribuído a qualquer sócio, independentemente da sua participação, e com uma extensão que o aproxima do regime instituído para as sociedades em nome colectivo (comparar os arts. 214.º e 181.º, respeitantes às sociedades por quotas e em nome colectivo, respectivamente, com os arts. 288.º e 291.º, relativos às anónimas). O segundo refere-se aos direitos da minoria que, nas sociedades por quotas, podem ser exercidos por cada um dos sócios, sem olhar à importância da sua participação, diversamente do que acontece nas anónimas (comparar os arts. 216.º e 292.º, 248.º, n.º 2 e 375.º, n.º 2).

Sem embargo, continua a ser grande a liberdade de estipulação reconhecida às partes pelo legislador.

Para os fins deste estudo, que tem em vista a exposição sumária do regime das sociedades de pessoas, vamos considerar apenas as sociedades em nome colectivo e as sociedades por quotas. Não abordaremos, assim, as sociedades em comandita, apesar de pensarmos que as comanditas simples têm características que fazem prevalecer a sua índole personalista. E não o fazemos,

---

[10] Referimo-nos aos dois projectos de Raul Ventura, publicados respectivamente no BMJ 160 (1966) e 182 (1969), ao anteprojecto de Vaz Serra (inédito) e aos anteprojectos de Coimbra, «Sociedades por quotas de responsabilidade limitada. Anteprojecto de lei», na RDE 2.º (1976) e «Sociedades por quotas de responsabilidade limitada. Anteprojecto de lei — 2.ª redacção», RDE 3.º (1977) e 5.º (1979). Será este que doravante citaremos como Anteprojecto de Coimbra.

No sentido do texto, RAUL VENTURA, Sociedades por quotas, vol. I, 1987, p. 38.

fundamentalmente, para que o nosso discurso siga a sistematização do Código que, como é sabido, colocou as sociedades em comandita depois das anónimas.

6. Antes de terminar esta introdução, será interessante dar a conhecer os poucos dados estatísticos actualizados de que dispomos e que nos foram obsequiosamente fornecidos pelo Registo Nacional de Pessoas Colectivas. Em fins de Fevereiro de 1988, havia em Portugal 142 sociedades civis, 1015 sociedades civis com personalidade jurídica, 742 sociedades em nome colectivo, 139 894 sociedades por quotas, 3 288 sociedades anónimas e 7 sociedades em comandita.

Havia ainda 117 agrupamentos complementares de empresas, 3 896 cooperativas e 92 empresas públicas.

Os empresários em nome individual eram 778 643 (nem todos são comerciantes, cfr. o art. 3.º do Decreto-Lei n.º 144/83, de 31 de Março).

Finalmente, existiam 16 927 sociedades irregulares «registadas» no RNPC.

Não são infelizmente conhecidos dados recentes relativos à distribuição de sociedades por escalões de capital e por actividades económicas. Na verdade, as estatísticas das sociedades, publicadas pelo Instituto Nacional de Estatística, não se publicam desde 1985.

Relativamente aos dados que publicámos em 1979 e que se referiam ao ano de 1978 [11], verifica-se a diminuição do número de sociedades em nome colectivo e o aumento explosivo do número de sociedades por quotas.

Os dados fornecidos pelo RNPC necessitam de alguma explicação. Distinguem-se as «sociedades civis» das «sociedades civis com personalidade jurídica». Trata-se de distinção desconhecida da doutrina e que também não encontra apoio no

---

[11] RDE 5.º (1979), pp. 443 ss..

Decreto-Lei n.º 144/83, de 31 de Março, que rege o RNPC, o qual equipara a pessoas colectivas, para efeito de as sujeitar ao registo, as entidades que, prosseguindo objectivos próprios e actividades diferenciadas das dos seus sócios ou membros, não sejam dotadas de personalidade jurídica (art. 2.º, al. a)).

No Decreto-Lei n.º 425/83, de 6 de Dezembro, que veio regular as firmas e denominações, fala-se de «sociedades civis sem forma comercial» (art. 18.º, n.º 1) e «sociedades civis sob forma civil» (arts. 18.º, n.º 2, 19.º e 20.º). Por nós, nunca conhecemos outras figuras que não fossem as «sociedades civis», as «sociedades civis sob forma comercial» e «as sociedades comerciais». As primeiras, reguladas pelo Código Civil, sem personalidade jurídica [12] e não sujeitas a forma, salvo no caso de esta ser exigida pela natureza dos bens com que os sócios entram para a sociedade (art. 981.º, n.º 1). As segundas, permitidas pelo art. 106.º do Código Comercial, são sociedades civis, portanto, com objecto civil, mas cujos fundadores optaram por constituí-las segundo um dos tipos regulados na lei comercial (cfr. agora o art. 1.º, n.º 4, do Código das Sociedades Comerciais).

De maneira que supomos que as 142 sociedades civis são «sociedades civis», sem mais, e as 1 015 «sociedades civis com

---

[12] Pensamos, com efeito, que está certa a doutrina largamente dominante entre nós que não reconhece personalidade jurídica às sociedades civis (contra, J. Oliveira Ascensão, *Lições de direito comercial*, vol. I, 1986/87, p. 453), mas apenas autonomia patrimonial. Na primitiva redacção do art. 36.º, n.º 2, do C.S.C. mandava-se aplicar às relações entre os sócios e às destes com terceiros, estabelecidas antes da celebração da escritura de constituição da sociedade, «as disposições sobre sociedades civis que não pressuponham a personalidade jurídica destas». Insurgimo-nos contra tal norma que vinha dar apoio a uma corrente minoritária, favorável ao reconhecimento da personalidade jurídica das sociedades civis e contra ela se manifestou também o Prof. Ferrer Correia, em conferência proferida na Ordem dos Advogados, em Coimbra. O legislador emendou a mão, tendo eliminado a parte final da disposição «que não pressuponham, etc.», com o Decreto-Lei n.º 280/87, de 8 de Julho (cfr. Ferrer Correia, «A sociedade por quotas de responsabilidade limitada segundo o Código das Sociedades Comerciais», ROA 47.º (1987), p. 673, n. 9).

personalidade jurídica» são sociedades civis que adoptaram a forma de sociedade comercial. E, sendo assim, não se percebe a esotérica terminologia deste diploma legal que fala de «sociedades civis sob forma civil» e «sociedades civis sem forma comercial» para designar aparentemente a mesma coisa, ou seja, as simples «sociedades civis».

A terminar, duas palavras sobre as sociedades irregulares «registadas» no RNPC. São elas, como vimos, 16 927. É espantoso como foi possível «fichar» no RNPC tantas sociedades irregulares! A lei do RNPC não define o que entende por tal conceito, mas refere-o pelo menos nos arts. 7.º, n.º 3 e 87.º, n.º 1. Supomos que se tratará de sociedades que não completaram o seu processo de constituição, designadamente não requereram ou não obtiveram a inscrição no Registo Comercial. E, assim, entidades que não satisfizeram as obrigações fundamentais da publicidade destinada à protecção do tráfico jurídico, obedeceram às injunções dum registo meramente administrativo, não acessível à generalidade do público e, portanto, não vocacionado para assegurar aquela protecção, mas dotado de mecanismos mais eficazes do que o Registo Comercial para impor a observância das suas regras (cfr. o art. 11.º do citado Decreto-Lei n.º 144/83). O que devia constituir matéria de reflexão para o legislador.

§ 1.º
SOCIEDADES EM NOME COLECTIVO

I

Características e contrato

7. A sociedade em nome colectivo está regulada no Título II do Código das Sociedades Comerciais [13]. Constitui característica essencial deste tipo a responsabilidade dos sócios pelas dívidas sociais, responsabilidade essa que vem acrescer à da própria sociedade. Conforme dispõe o art. 175.º, n.º 1 (art. 174.º, n.º 1, do Projecto) [14], os sócios respondem solidariamente entre si, e subsidiariamente em relação à sociedade, pelas dívidas desta.

Não são numerosas as diferenças que o Código contém em relação ao direito anterior. Com efeito, quando fez a adaptação do Código Comercial aos novos princípios constitucionais, o legislador aproveitou a oportunidade para introduzir naquele diploma algumas modificações que incidiram especialmente no regime da sociedade em nome colectivo e que visaram moder-

---

[13] As disposições legais citadas sem qualquer outra indicação referem-se ao Código das Sociedades Comerciais, aprovado pelo Decreto-Lei n.º 282/86, de 2 de Setembro.

[14] Quando citamos o «Projecto», referimo-nos ao «Código das Sociedades (Projecto)», publicado no BMJ n.º 327 (1983). O primeiro anteprojecto de regulamentação destas sociedades foi o de FERNANDO OLAVO, «Sociedade em nome colectivo — Ensaio de anteprojecto», no BMJ n.º 179 (1968).

O Dr. Pinto Furtado acusa de francesismo o uso de «na medida em que» (*Código das Sociedades Comerciais*, 2.ª ed., 1988, nota ao art. 175.º). Porém, o «Dicionário estrutural, estilístico e sintáctico da língua portuguesa», de Énio Ramalho, regista esta fórmula, a qual pode significar, entre outras coisa, «na proporção em que», justamente o sentido em que foi empregue.

nizá-lo, aproximando-o do regime consagrado no Cód. Civil para a sociedade civil. Para esse efeito, o Decreto-Lei n.º 363/77, de 2 de Setembro, deu nova redacção aos arts 120.º, § 1.º e 154.º a 156.º do Cód. Comercial. Não sendo muitas, foram importantes essas modificações. Volvamos ao Código das Sociedades Comerciais.

A sociedade constitui-se por escritura pública, devendo ser duas, pelo menos, as partes intervenientes (art. 7.º, n.ᵒˢ 1 e 2) e adquire personalidade jurídica com o registo definitivo do contrato (art. 5.º).

As menções obrigatórias do contrato estão especificadas no art. 9.º, n.º 1 (menções gerais) e no art. 176.º, n.º 1 (menções especiais).

As entradas dos sócios podem consistir em numerário, bens ou indústria (art. 178.º; art. 177.º do Projecto). Dado que os sócios respondem sempre pelas dívidas da sociedade, permite-se que, havendo entradas em espécie, os sócios se responsabilizem pelo valor atribuído aos bens objecto da entrada, dispensando-se neste caso a verificação desse valor por um revisor oficial de contas (art. 179.º; art. 178.º do Projecto).

As entradas dos sócios podem consistir unicamente na sua indústria, isto é, no seu trabalho, caso em que a lei dispensa a indicação do capital social no contrato (art. 9.º, n.º 1, al. *f*)).

Se a contribuição dos sócios for em dinheiro ou bens, deve ser realizada no momento da outorga da escritura do contrato de sociedade (art. 26.º; art. 28.º do Projecto).

Nestas sociedades, diversamente do que se passa nas sociedades por quotas e anónimas, não é obrigatório o depósito prévio das quantias entregues pelos sócios para a realização das suas entradas. A diferença de regimes explica-se, uma vez mais, pela aludida responsabilidade pessoal e solidária dos sócios.

Note-se que os cônjuges não podem participar simultaneamente na mesma sociedade em nome colectivo (art. 1714.º, n.º 3, do Código Civil e, agora mais claramente, art. 8.º, n.º 1, a que correspondia o art. 24.º, n.º 1, do Projecto).

8. O direito anterior não regulava especificamente a invalidade do contrato, nem previa o regime da sociedade antes de esta adquirir personalidade jurídica.

E, no entanto, os problemas decorrentes de tais situações podiam surgir numa altura em que a sociedade já tivesse iniciado as suas actividades, concluído negócios com terceiros, adquirido direitos e obrigações.

Era impensável aplicar aqui, em toda a sua pureza, os princípios da lei civil. A retroactividade da nulidade, nela prescrita, teria como consequência a invalidação de todos os negócios praticados pela sociedade, com graves prejuízos para terceiros e para os sócios. Por isso é que desde há muito se defendia e aplicava às «sociedades irregulares» um regime especial que, de algum modo, salvaguardava a existência da sociedade no passado e salvava os negócios praticados em seu nome.

Todos conhecem as controvérsias doutrinais e as incertezas jurisprudenciais geradas pela falta de regulamentação daquelas situações. O Projecto não podia, por isso mesmo, ignorá-las, tendo recolhido algumas sugestões que já vinham do Anteprojecto P.G. e acatado o disposto na 1.ª Directiva da CEE. As soluções consagradas no C.S.C. aproximam-se ainda mais das que foram propugnadas pelo Prof. Ferrer Correia e por nós naquele citado Anteprojecto.

Com efeito, tal como este, também o Código regula pormenorizadamente as relações entre os sócios e as relações destes com terceiros antes do registo do contrato, distinguindo aí dois períodos: antes e depois da celebração da escritura. Para o período anterior à celebração da escritura rege o disposto no artigo 36.º que, no n.º 1, determina a responsabilidade solidária e ilimitada daqueles que, tendo criado a falsa aparência de que existe entre eles uma sociedade, contraírem nesses termos obrigações. No n.º 2, manda-se aplicar a disciplina das sociedades civis às relações estabelecidas entre os sócios e com terceiros, no caso de já ter sido acordada a constituição de uma sociedade comercial mas, antes de celebrada a escritura pública, os sócios iniciarem a sua actividade.

Para o período compreendido entre a celebração da escritura e o registo do contrato dispõe o art. 37.º, n.º 1, que manda aplicar às relações entre os sócios, com as necessárias adaptações, as regras estabelecidas no contrato e no Código, salvo aquelas que pressuponham o contrato registado (cfr. o art. 46.º, n.º 1, do Projecto).

Para o mesmo período e no que toca às relações com terceiros, o princípio geral é o da responsabilidade ilimitada e solidária de todos os que tiverem agido em nome da sociedade e bem assim dos sócios que tiverem autorizado, expressa ou tacitamente, tais negócios. Tal autorização presume-se (art. 38.º, n.º 1). Se os negócios realizados não tiverem sido autorizados por todos os sócios, só respondem aqueles que agiram ou autorizaram tais operações (art. 38.º, n.º 2).

9. Em matéria de invalidade do contrato, a lei distingue o período anterior ao registo do período posterior. No primeiro, aplicam-se as regras do direito civil, sem prejuízo, no entanto, do disposto no art. 52.º, que regula os efeitos da invalidade de modo a salvaguardar as legítimas expectativas de terceiros e dos sócios. Todavia, a invalidade decorrente de incapacidade dum sócio é sempre oponível tanto aos outros sócios como a terceiros, enquanto a invalidade resultante de vício da vontade ou de usura só é oponível aos demais sócios (art. 41.º).

Estando o contrato já registado, nas sociedades em nome colectivo (e em comandita simples) constituem fundamentos de invalidade, além dos vícios do título, as causas gerais de invalidade dos negócios jurídicos (art. 43.º, n.º 1; cfr. art. 40.º, n.º 1, do Projecto).

Nestas sociedades, o erro, o dolo, a coacção, a usura e a incapacidade determinam a anulabilidade do contrato em relação ao contraente incapaz ou ao que sofreu o vício da vontade ou a usura; no entanto, o negócio poderá ser anulado quanto a todos os sócios se, tendo em conta o critério formulado no art. 292.º do Cód. Civil, não for possível a sua redução às participações dos outros (art. 46.º).

O C.S.C. prevê ainda várias medidas destinadas a desinteressar o sócio, no intuito evidente de salvar a sociedade da sua extinção (cfr. o art. 50.º; artigo 40.º, n.º 4, do Projecto), bem como medidas que permitem à sociedade sanar o vício verificado (arts. 42.º, n.º 2, 43.º, n.º 3 e 49.º).

A declaração de nulidade ou anulação do contrato de sociedade leva à liquidação desta, praticamente como se se tratasse duma sociedade validamente constituída. É o que resulta do disposto no artigo 52.º (art. 43.º do Projecto).

10. A lei consagra a proibição de os sócios exercerem, por conta própria ou alheia, actividade concorrente com a da sociedade, bem como de assumirem a qualidade de sócio de responsabilidade ilimitada noutra sociedade, salvo expresso consentimento de todos os outros sócios (art. 180.º, n.º 1; art. 183.º, n.º 1, do Projecto). No exercício por conta própria inclui-se a participação de, pelo menos, 20% no capital ou nos lucros de sociedade em que o sócio assuma responsabilidade limitada (n.º 4).

No art. 181.º está consagrado um amplo direito à informação dos sócios, justificável pelo tipo de responsabilidade que todos e cada um assumem: o sócio pode pedir quaisquer informações sobre a gestão da sociedade, sobre actos já praticados ou cuja prática seja esperada, pode consultar a escrituração, livros e documentos e inspeccionar os bens sociais. Se lhe for recusado o exercício de qualquer destes direitos, pode requerer inquérito judicial (cfr. o art. 184.º do Projecto).

11. O art. 182.º (art. 187.º do Projecto) consagra a regra tradicional da exigência do consentimento de todos os sócios para a transmissão entre vivos da parte de um deles, bem como para a constituição de direitos reais de gozo ou de garantia sobre ela.

No art. 183.º (art. 188.º do Projecto) ficou resolvida uma questão que era discutida em face do direito anterior: a execução sobre a parte do sócio. Ficou assim regulada:

«1. O credor do sócio não pode executar a parte deste na sociedade, mas apenas o direito aos lucros e à quota de liquidação.

2. Efectuada a penhora dos direitos referidos no número anterior, o credor, nos quinze dias seguintes à notificação desse facto, pode requerer que a sociedade seja notificada para, em prazo razoável, não excedente a 180 dias, proceder à liquidação da quota.

3. Se a sociedade demonstrar que o sócio devedor possui outros bens suficientes para satisfação da dívida exequenda, a execução continuará sobre esses bens.

4. Se a sociedade provar que a parte do sócio não pode ser liquidada, por força do disposto no artigo 195.º, prosseguirá a execução sobre o direito aos lucros e à quota de liquidação, mas o credor pode requerer que a sociedade seja dissolvida.

5. Na venda ou adjudicação dos direitos referidos no número anterior gozam de direito de preferência os outros sócios e, quando mais de um o desejar exercer, ser-lhes-á atribuído na proporção do valor das respectivas partes sociais».

Esta solução resolve de modo equilibrado os interesses conflituosos em presença, dando ao credor a possibilidade de ser reembolsado pelo valor da parte social do devedor, mas salvaguardando o carácter personalista da sociedade.

12. Os casos de morte, exoneração e exclusão de sócios estão regulados nos arts. 184.º a 186.º (192.º a 194.º do Projecto), em termos que não se afastam muito, ao menos nos princípios, dos consagrados no direito anterior. Vejamos.

A morte dum associado não constitui causa de dissolução da sociedade que continua com os sócios sobrevivos, salvo estipulação em contrário. Os sucessores do sócio falecido têm o direito ao valor da parte social que lhe pertenceu (art. 184.º, n.º 1). Todavia, se nisso acordarem com os sócios sobrevivos, podem os sucessores, todos ou alguns, ingressar na sociedade, dividindo entre eles a parte social do falecido (art. 184.º, n.ºˢ 2 e 3).

Se algum dos sucessores da parte do falecido for incapaz para assumir a qualidade de sócio, os sócios têm uma tripla opção:

a) deliberar a transformação da sociedade noutra em que o referido sucessor seja sócio de responsabilidade limitada;
b) dissolver a sociedade;
c) liquidar a quota do sócio falecido (art. 184.º, n.ºˢ 4 e 5).

Se nenhuma destas deliberações for tomada, deve o representante do incapaz requerer judicialmente a exoneração do representado ou, se esta não for legalmente possível, a dissolução da sociedade (art. 184.º, n.º 6).

O direito de exoneração é reconhecido a todos os sócios nos casos previstos na lei ou no contrato e ainda quando ocorra justa causa (art. 185.º).

Se a duração da sociedade não estiver fixada no contrato ou se a sociedade tiver sido constituída por toda a vida de um sócio ou por período superior a trinta anos, qualquer sócio tem o direito de se exonerar, desde que tenha essa qualidade há dez anos, pelo menos (art. 185.º, n.º 1, al. *a*)).

A sociedade pode deliberar a exclusão de um sócio, por maioria de três quartos dos votos dos outros sócios, nos casos previstos no contrato ou na lei (art. 186.º). Os casos previstos na lei são casos de exclusão por justa causa.

No art. 188.º, n.º 1 (art. 189.º, n.º 1, do Projecto) consagra-se uma regra de fundamental importância que visa a conservação do capital social: não é permitido liquidar partes sociais em sociedade não dissolvida se a situação líquida da sociedade se tornasse por esse facto inferior ao montante do capital social.

O n.º 2 do mesmo artigo estabelece que a liquidação da parte se efectua nos termos previstos no art. 1021.º do Cód. Civil, com referência ao momento da ocorrência ou eficácia do facto determinante da liquidação.

Salvo estipulação diversa do contrato, o valor da parte é determinado por um revisor oficial de contas, designado por mútuo acordo ou, na falta deste, pelo tribunal.

II

Deliberações dos sócios e gerência

13. As deliberações dos sócios e a convocação e funcionamento das assembleias gerais regem-se pelo disposto para as sociedades por quotas (art. 189.º, n.º 1; art. 186.º, n.º 1, do Projecto). As deliberações são tomadas por maioria simples dos votos expressos, salvo disposição diversa da lei ou do contrato (art. 189.º, n.º 2). O sócio pode fazer-se representar pelo seu cônjuge, ascendente ou descendente ou por outro sócio (art. 189.º, n.º 4). A cada sócio cabe um voto, salvo estipulação diversa do contrato social, mas o direito de voto não pode ser contratualmente suprimido (art. 190.º, n.º 1; art. 185.º, n.º 1, do Projecto).

14. Os arts. 191.º a 193.º ocupam-se da gerência. Não havendo estipulação em contrário, todos os sócios são gerentes, tanto os que constituíram a sociedade, como os que entraram posteriormente (art. 191.º, n.º 1; art. 180.º, n.º 1, do Projecto), sendo necessária deliberação unânime para a nomeação de pessoas estranhas como gerentes (art. 191.º, n.º 2; art. 180.º, n.º 2, do Projecto).

A administração e a representação da sociedade competem aos gerentes (art. 192.º, n.º 1; art. 181.º, n.º 1, do Projecto), os quais têm poderes iguais e independentes para administrar a sociedade (art. 193.º, n.º 1; art. 180.º, n.º 4, do Projecto).

Diversamente do que se passa nas sociedades por quotas e anónimas, a competência dos gerentes está limitada pelo objecto social e por cláusulas que eventualmente existam no contrato (art. 192.º, n.º 2; cfr. o art. 181.º, n.º 2, do Projecto, cuja redacção é mais clara), o que bem se compreende, dada a responsabilidade pessoal dos sócios.

A destituição dos gerentes está regulamentada no art. 191.º, em termos substancialmente diversos dos previstos no art. 182.º do Projecto que tínhamos criticado por facilitar excessivamente a destituição do sócio-gerente [15].

Distingue-se entre o gerente sócio e o gerente não-sócio.

Se o sócio tiver sido nomeado gerente por cláusula especial do contrato, só pode ser destituído em acção intentada pela sociedade ou por outro sócio, contra ele e contra a sociedade, com fundamento em justa causa.

Se o sócio for gerente eleito por deliberação ou o for no caso previsto no art. 191.º, n.º 1, pode ser destituído por deliberação social, com fundamento em justa causa, salvo disposição diversa do contrato.

---

[15] Cfr. os *Temas* cits. (n. 1), pp. 433 ss. e «O Projecto de Código das Sociedades. Parte Geral. Sociedade em nome colectivo», RDE 10.º/11.º (1984/85), pp. 82 s..

Se o gerente for estranho, pode ser destituído da gerência por deliberação dos sócios, independentemente de justa causa.

No caso de os sócios serem apenas dois, a destituição de qualquer deles da gerência, com fundamento em justa causa, só pelo tribunal pode ser decidida, em acção intentada pelo outro contra a sociedade.

III

Alterações do contrato

15. O art. 194.º (art. 179.º do Projecto) exige a unanimidade para introduzir quaisquer alterações no contrato de sociedade, bem como para deliberar a fusão, a cisão, a transformação e a dissolução da sociedade, a não ser que o contrato autorize a deliberação por maioria que não pode ser inferior a três quartos dos votos de todos os sócios.

Também só por unanimidade pode ser deliberada a admissão de novo sócio.

IV

Dissolução e liquidação da sociedade

16. Além dos casos de dissolução previstos na lei (v. arts. 141.º e seg.), o n.º 1 do art. 195.º (art. 190.º do Projecto) estabelece outros. Assim acontecerá a requerimento do sucessor do sócio falecido, ou a requerimento do sócio que pretenda exonerar-se da sociedade com fundamento nos casos previstos no art. 185.º,. n.º 2, alíneas *a*) e *b*), em ambas as hipóteses se a parte social não puder ser liquidada sem ofensa do princípio da intangibilidade do capital social.

No art. 196.º (art. 191.º do Projecto) regula-se a oposição por parte de algum credor de sócio ao regresso à actividade da sociedade em liquidação. Mais uma vez se procurou compatibilizar o interesse dos sócios na continuação da sociedade com o interesse do credor de sócio em receber o seu crédito.

§ 2.º
SOCIEDADES POR QUOTAS

I

Características e contrato

17. No Título III regulam-se as *sociedades por quotas*, denominação abreviada das anteriormente chamadas sociedades por quotas de responsabilidade limitada. Sendo certo que, na prática, eram já conhecidas por aquela designação abreviada, não vemos qualquer interesse em consagrá-la na lei. Na verdade, a generalidade das legislações retém na denominação deste tipo social a expressão «responsabilidade limitada», como acontece na Espanha, França, Bélgica, Itália, Alemanha, países sul-americanos, etc., que indica a limitação da responsabilidade dos sócios. Por isso, enquanto «sociedade por quotas de responsabilidade limitada» podia dizer alguma coisa a um jurista estrangeiro pouco familiarizado com o direito português, «sociedade por quotas» não lhe diz seguramente nada. Neste ponto bem concreto, o legislador não foi sensível à integração europeia...

Como é sabido, constituem características da sociedade por quotas a divisão do capital em quotas e a responsabilidade de cada sócio não só pela sua entrada como também pelas entradas dos consócios (art. 197.º, n.º 1; *idem*, do Projecto). Mas a lei prevê a possibilidade de se estipular no contrato a responsabilidade de um ou mais sócios perante os credores sociais até determinado montante, podendo essa responsabilidade ser solidária com a da sociedade ou subsidiária em relação a esta e a efectivar apenas na fase de liquidação (art. 198.º, n.º 1; *idem*, do Projecto).

A sociedade constitui-se por escritura pública, devendo ser duas, pelo menos, as partes do contrato (art. 7.º,. n.ºs 1 e 2) e adquire personalidade jurídica com o registo definitivo do contrato (art. 5.º). Não seguiu, assim, o nosso legislador o caminho apontado por algumas legislações recentes que permitem a constituição de sociedades de responsabilidade limitada por um único associado, orientação que levou a Comissão das Comunidades Europeias a propor ao Conselho a adopção duma directiva nesse sentido [16].

18. É oportuno lembrar aqui que o C.S.C. veio resolver um problema debatido no direito anterior: *a participação dos cônjuges em sociedades*, especialmente nas sociedades por quotas.

Como é sabido, o Cód. Civil proibia a celebração de contratos de sociedade entre cônjuges, excepto quando estes se encontrassem separados judicialmente de pessoas e bens (art. 1714.º, n.º 2), mas permitia a participação dos cônjuges na mesma sociedade de capitais (art. 1714.º, n.º 3). Doutrina e jurisprudência dividiram-se quanto à interpretação destas normas.

Por nós defendemos que a proibição legal visava a participação dos cônjuges em sociedades em que assumissem ambos responsabilidade ilimitada, devendo entender-se que a lei

---

[16] Trata-se da proposta de 12.ª directiva do Conselho em matéria de direito das sociedades, relativamente às sociedades de responsabilidade limitada com um único sócio. Nela se determina que os Estados-membros devem prever a possibilidade de criação de uma sociedade de responsabilidade limitada (no caso de Portugal, de uma sociedade por quotas) com um único sócio. O sócio único tanto pode ser uma pessoa singular, como uma pessoa colectiva. Uma norma que interessa especialmente a Portugal é o art. 7.º, segundo o qual um Estado--membro pode decidir não aplicar o disposto na directiva, no caso de a sua legislação prever a possibilidade de o empresário individual constituir uma empresa de responsabilidade limitada com um património afecto a uma determinada actividade desde que, no que se refere a essas empresas, se prevejam garantias equivalentes às impostas pelo direito comunitário às sociedades a que se aplica a directiva.

autorizava que os cônjuges participassem na mesma sociedade anónima, na mesma sociedade em comandita simples ou por acções, desde que só um deles fosse sócio de responsabilidade ilimitada, bem como na mesma sociedade por quotas, ainda que fossem eles os únicos sócios [17].

O C.S.C. veio consagrar a orientação por nós defendida, ao dispor no art. 8.º, n.º 1, que «é permitida a constituição de sociedades entre cônjuges, bem como a participação destes em sociedades, desde que só um deles assuma responsabilidade ilimitada». Ficou, assim, bem claro que, seja qual for o regime de bens convencionado, os cônjuges podem constituir entre si ou participar com terceiros numa sociedade, desde que nenhum deles assuma responsabilidade ilimitada (como acontecerá no caso das sociedades anónimas e por quotas e nas sociedades em comandita, relativamente aos comanditários) ou apenas um assuma tal tipo de responsabilidade, como acontece com os sócios comanditados, nas sociedades em comandita.

Desta intervenção legislativa parece não se ter apercebido o Prof. Antunes Varela que, na 2.ª edição do seu *Direito da Família*, publicado em 1987, repete a argumentação anteriormente desenvolvida, como se nada de novo tivesse acontecido [18].

19. Pensávamos nós que os principais problemas ligados à participação dos cônjuges em sociedades estavam resolvidos com a intervenção legislativa acabada de referir, mas não aconteceu assim. De facto, nalgumas decisões proferidas após a entrada em vigor do C.S.C., discutiu-se o problema da aplicação do citado art. 8.º às sociedades por quotas existentes antes do início da vigência daquele diploma legal.

---

[17] Cfr. «Sobre a participação dos cônjuges em sociedades por quotas», separata do número especial do BFDC «Estudos em homenagem ao Prof. Doutor António de Arruda Ferrer Correia», 1986.
[18] ANTUNES VARELA, *Direito da Família*, 2.ª ed., 1987, pp. 420 ss..

No acórdão da Relação do Porto, de 25-11-1986 [19], decidiu-se que a norma do art. 8.º do C.S.C. tinha carácter inovador e, como tal, apenas se aplicava para futuro, isto é, às sociedades constituídas após a entrada em vigor do C.S.C. Como a sociedade em questão só tinha como sócios os dois cônjuges, à data da proposição da acção, entendeu-se que a nova regulamentação não aproveitava à ré, na medida em que não determinava a sanação da nulidade anteriormente gerada.

No acórdão da Relação de Lisboa, de 18-12-1986 [20], decidiu-se que, tendo embora o art. 8.º do C.S.C. carácter inovador, a norma se aplicava à sociedade por quotas constituída anteriormente entre os cônjuges. A *ratio decidendi* está espelhada no n.º II do sumário da decisão:

«O art. 8.º, n.º 1, do Código das Sociedades Comerciais, ao permitir a constituição de sociedades entre cônjuges, constitui uma norma que se refere a um estatuto legal e não a um estatuto contratual, pelo que é de aplicação imediata às relações jurídicas subsistentes».

O Acórdão da Relação do Porto, de 26-5-1988 [20a], considerou que o art. 8.º do C.S.C. tem natureza interpretativa e, como tal, aplica-se às sociedades anteriormente constituídas.

Em nosso modo de ver, a qualificação que melhor cabe à norma do citado art. 8.º C.S.C. é a de *norma interpretativa*. Vejamos porquê.

20. A 1.ª directiva do Conselho sobre as sociedades comerciais [21] visou, entre outras coisas, reduzir as causas de

---

[19] CJ 1986, t.v, p. 226. No mesmo sentido julgou o ac. de 19-1-1988, também da Relação do Porto (CJ 1988, t. I, p. 190), de que só tomámos conhecimento durante a revisão das provas deste artigo.
[20] CJ 1986, t.v, p. 158.
[20a] Ainda inédito, foi-nos amavelmente comunicado pelo relator Juiz-desembargador Aragão Seia.
[21] Directiva n. 68/151/CEE, de 9-3-1968, JOCE n.º L 65, de 14-3-1968.

invalidade das sociedades por acções (anónimas e em comandita) e das sociedades por quotas (que, na terminologia da directiva, se chamam de responsabilidade limitada). E como a melhor maneira de evitar a verificação de causas de invalidade é garantir a regularidade do processo de constituição da sociedade, o legislador comunitário começou por se preocupar com a fiscalização desse processo. Assim, prescreveu que os Estados--membros deviam optar entre um sistema de controlo preventivo — que tanto poderia ser de tipo administrativo (de que é exemplo a Holanda) como judicial (caso da Alemanha) — e a celebração do contrato e dos estatutos por acto autêntico [22].

Observe-se que, pela mesma altura, já os trabalhos de reforma do direito português das sociedades trilhavam caminho idêntico. No projecto que redigimos com o Prof. Ferrer Correia, analisámos os sistemas de controlo da constituição existentes nas principais legislações, preconizámos o abandono do sistema do controlo repressivo ou *a posteriori* (como era o então vigente entre nós) e a adopção dum sistema de controlo prévio, com a consequente diminuição das causas de nulidade que poderiam continuar a subsistir após a aquisição de personalidade jurídica pela sociedade, tendo em vista a segurança do tráfico jurídico [23].

A solução que acabou por ser consagrada no art. 7.º, n.º 1, do C.S.C. foi a da celebração do contrato por escritura pública, seja

---

[22] Cfr. RAUL VENTURA, «Adaptação do direito português à 1.ª Directiva do Conselho da C.E.E. sobre direito das sociedades», separata do *BMJ — Doc. Dir. Comp.*, n.º 2, 1980, pp. 77 ss.. Como é sabido, as directivas vinculam os Estados-membros quanto aos resultados a alcançar, deixando-lhes, no entanto, competência para escolherem a forma e os meios adequados à consecução dos objectivos visados (art. 189.º, 2, do Tratado CEE). Cfr., por todos, P. PESCATORE, «L'effet des directives communautaires. Une tentative de démythification», *Rec. Dalloz* 1980, Chr., pp. 171 ss., R. KOVAR, «Observations sur l'intensité normative des directives», in *Du droit international au droit de l'intégration, Liber Amicorum Pierre Pescatore*, pp. 359 ss..

[23] Cfr. A. FERRER CORREIA e ANTÓNIO CAEIRO, «Anteprojecto de lei das sociedades comerciais, Parte Geral, I», BMJ 185, 191 (1969) pp. 68 ss., 103 ss..

qual for o tipo de sociedade, assim se retomando a orientação que já era seguida no direito anterior [24]. A intervenção do notário pareceu constituir garantia suficiente da regularidade da formação da sociedade [25].

Celebrada a escritura pública e efectuada a inscrição do contrato no registo, a sociedade por quotas ou por acções pode ser declarada nula apenas nos casos previstos no art. 42.º, n.º 1, do C.S.C., norma que dá execução ao disposto no art. 11.º, n.º 2, da referida 1.ª directiva. *Apenas nesses e em mais nenhum* [26].

Quer isto dizer que, mesmo que não existisse a norma do art. 8.º, n.º 1, do C.S.C. — que expressamente autoriza a constituição de sociedades entre cônjuges, bem como a participação destes em

---

[24] No citado Anteprojecto, chegámos a pôr a hipótese de consagrar o controlo judicial, ao menos no que toca às sociedades por acções.

[25] Não passou para o C.S.C. a norma do art. 19.º, n.º 1, do Projecto (que retomava a doutrina do art. 13.º do Anteprojecto de Parte Geral citado na nota anterior, bem como do art. 22.º do Anteprojecto de Coimbra), que cometia expressamente ao conservador do registo comercial a verificação da conformidade do contrato com as prescrições da lei e o cumprimento dos preceitos relativos à formação e existência do capital social, bem como de quaisquer outros de cuja observância dependesse a regularidade da constituição da sociedade. Esta regra inseria-se coerentemente no sistema, que veio a prevalecer no C.S.C., que faz derivar a atribuição de personalidade jurídica à sociedade da sua inscrição no registo.

[26] Não falta quem, apegado em extremo às doutrinas contratualistas, deplore a restrição das causas de nulidade operada pela directiva: cfr. RAUL VENTURA, *est. cit.* (n. 22), pp. 93 ss.. Todavia, nem todos os Estados-membros introduziram nos respectivos sistemas todas as causas de nulidade previstas na directiva, nem a isso estavam obrigados, visto que o elenco da directiva constituía o *máximo* admissível para os legisladores nacionais.

Como já tivemos oportunidade de assinalar («A parte geral do Código das Sociedades Comerciais», separata do número especial do BFDC, «Estudos em homenagem ao Prof. Doutor Afonso Rodrigues Queiró», 1988, pp. 26 s)., a inclusão da falta de menção da sede da sociedade entre os casos da nulidade do contrato (art. 42.º, n.º 1, al. b)) está em desacordo com o preceituado na citada 1.ª directiva. Tal vício não constava do texto da correspondente norma do Projecto (art. 39.º, n.º 2), tendo a modificação sido introduzida na última revisão ministerial.

sociedades, desde que não assumam ambos responsabilidade ilimitada — a partir da entrada em vigor do referido Código não mais seriam nulas as sociedades por quotas entre cônjuges ou em que estes participassem com outras pessoas. Na verdade, depois de efectuado o registo definitivo do contrato de alguma de tais sociedades, *o contrato só pode ser declarado nulo* com fundamento em algum dos vícios previstos nas diversas alíneas do art. 42.º, n.º 1, do C.S.C.. Como entre esses vícios não se conta o facto de os cônjuges serem os únicos sócios ou se encontrarem entre os sócios da sociedade, esse facto deixava de constituir fundamento de invalidade da sociedade, ainda que antes o fosse.

Portanto, no que respeita às sociedades por quotas (únicas de que agora curamos) que se constituíssem *após* a entrada em vigor do C.S.C., a irrelevância de tal causa de invalidade decorria necessariamente do facto de tal fundamento não estar especificado no citado art. 42.º, n.º 1, sendo desnecessário que outra norma viesse explicitamente autorizar a participação dos cônjuges em tais sociedades.

21. Mas o legislador não se ficou por aqui, como já dissemos. A este propósito será oportuno revelar que no *Anteprojecto de Lei Geral das Sociedades*, do Prof. Raul Ventura [27], a norma do art. 24.º continha apenas dois números, correspondentes aos n.ºˢ 2 e 3 do actual art. 8.º, isto é, não dispunha expressamente acerca da participação dos cônjuges em sociedades. Foi por sugestão nossa que foi acrescentado o n.º 1 que, assim, apareceu logo incorporado no art. 24.º do *Código das Sociedades (Projecto)* [28] e atravessou incólume todas as revisões a que o texto foi sujeito, apenas tendo mudado a inserção sistemática do artigo.

---

[27] Este Anteprojecto, elaborado em 1981, não foi publicado.
[28] BMJ n.º 327 (Junho, 1983).

Por que razão sugerimos, e foi aceite, a introdução da falada norma do actual art. 8.º, n.º 1, do C.S.C.?

Já nessa altura eram bem conhecidas as divergências de opinião existentes na doutrina e na jurisprudência acerca deste tema [29]. Sabia-se que havia milhares de sociedades por quotas constituídas entre (ou com a participação de) cônjuges, sobre as quais pairava o espectro da declaração de nulidade, a requerimento de qualquer interessado (por ex., o dono do prédio onde se encontrava instalado o estabelecimento da sociedade que queria pôr termo ao arrendamento), sendo incerto o desfecho do pleito. Essas sociedades haviam sido constituídas por escritura pública, pois os notários tinham instruções para não recusar a celebração de tais contratos.

Pareceu azado o momento para clarificar definitivamente a situação, declarando lícitas tais sociedades. Das várias correntes em liça (nulidade das sociedades por quotas em que os cônjuges participassem com terceiros, nulidade das sociedades por quotas constituídas entre cônjuges, validade de umas e outras), o legislador preferiu a orientação mais liberal, consagrando-a na lei. E consagrou-a para resolver, *uma vez por todas*, os problemas até então discutidos, mesmo *relativamente às sociedades constituídas anteriormente à entrada em vigor do C.S.C.*

Com efeito, e como vimos atrás, no tocante às sociedades que se viessem a constituir, o problema estava resolvido pela norma do art. 42.º, n.º 1 (art. 39.º, n.º 2, do Projecto) que enumera taxativamente as causas de nulidade do contrato das sociedade por quotas ou por acções e não menciona entre elas as sociedades com participação dos cônjuges.

No que às sociedades anteriormente constituídas tange, o legislador resolveu tomar posição e consagrar uma das correntes interpretativas que se tinham formado à sombra do art. 1714.º do

---

[29] Cfr., por todos, o nosso estudo citado na nota 17.

Código Civil. Tal é o sentido útil da norma do art. 8.º, n.º 1, do C.S.C..

Contra isto já se disse que o próprio legislador, no preâmbulo do C.S.C., afirma que a citada regra do art. 8.º, n.º 1, modifica o regime do art. 1714.º do Código Civil. A esta afirmação que, de resto, não constava do preâmbulo do Projecto, publicado no BMJ n.º 327, não pode atribuir-se o valor de argumento decisivo. Mais importante é explicar o sentido e alcance da norma, tendo em conta o contexto da sua aplicação, a sua inserção no sistema, as valorações que a informam.

Ora não pode duvidar-se do sentido eminentemente *interpretativo* de tal regra.

Segundo o Prof. J. Baptista Machado, são dois os traços característicos fundamentais da lei interpretativa [30]:

«1.º Ela intervém para decidir uma questão de direito cuja solução era controvertida ou incerta no domínio de vigência da lei antiga. Significa isto, antes de tudo, que, para que a LN (Lei Nova) possa ser interpretativa de sua natureza, é preciso que haja matéria para interpretação. Se a regra de direito era certa na legislação anterior, ou se a prática jurisprudencial lhe havia de há muito atribuído um determinado sentido, que se mantinha constante e pacífico, a LN que venha resolver o respectivo problema jurídico em termos diferentes deve ser considerada uma lei inovadora».

«2.º A Lei interpretativa, para o ser, há-de consagrar uma solução a que a jurisprudência, pelos seus próprios meios, poderia ter chegado no domínio da legislação anterior. Significa este pressuposto, antes de mais, que, se a LN vem na verdade resolver um problema cuja solução constituía até ali matéria em debate, mas o resolve fora dos quadros da controvérsia anteriormente estabelecida, deslocando-o para um terreno novo ou dando-lhe

---

[30] *Sobre a aplicação no tempo do novo Código Civil*, 1968, pp. 286 ss..

uma solução que o julgador ou o intérprete não estavam autorizados a dar-lhe, ela será indiscutivelmente uma lei inovadora».

Por outro lado, e segundo o mesmo Autor, também não é necessário que a lei nova, para ser considerada lei interpretativa, consagre uma forte corrente jurisprudencial ou doutrinal anterior, bastando que adopte uma das orientações que anteriormente vinham sendo defendidas.

Finalmente, a lei interpretativa pode aplicar-se retroactivamente, pois não viola quaisquer expectativas legítimas fundadas das pessoas, não havendo sequer motivo para lhe subtrair as causas pendentes.

Da exposição anterior resulta abundantemente que se verificam os pressupostos da qualificação do art. 8.º, n.º 1, do C.S.C. como lei interpretativa. Sendo assim, a sua norma deve ser aplicada tanto às sociedades existentes à data da entrada em vigor do C.S.C., como às que se constituíram ulteriormente.

22. De resto, a correcta transposição da citada 1.ª directiva impunha que o legislador nacional fizesse desaparecer do direito interno as causas de nulidade nela não previstas que afectassem tanto as sociedades que se viessem a constituir como as que já existissem anteriormente. Parece, com efeito, manifesto que o fim visado pela directiva não consiste em restringir as causas da nulidade apenas no que toca às sociedades que aparecerem no comércio jurídico posteriormente à sua adopção. Pelo contrário, ao afirmar-se no respectivo preâmbulo que «para garantir a segurança jurídica tanto nas relações entre a sociedade e terceiros, como entre os sócios, é necessário limitar os casos de nulidade, assim como o efeito retroactivo da declaração de nulidade», está-se a dar uma indicação do âmbito largo de aplicação da directiva.

Pois que segurança haveria se a todo o tempo se pudesse declarar a nulidade duma sociedade constituída entre cônjuges anteriormente à entrada em vigor do C.S.C.?

Como explicar que uma sociedade por quotas constituída entre cônjuges antes da entrada em vigor do C.S.C. pudesse ser declarada nula a todo o tempo e outra sociedade, constituída entre as mesmas pessoas e porventura em termos idênticos, mas posteriormente à vigência do C.S.C., fosse válida? Uma tal solução não se compaginaria com as finalidades da 1.ª directiva.

Por outro lado, é a própria directiva que nos mostra que o legislador nacional, ao proceder à transposição do seu comando para o direito interno, deve tomar medidas relativamente às sociedades já existentes. Assim, o art. 2.º, alínea c), dispõe que está sujeito a registo, depois de cada alteração do acto constitutivo ou dos estatutos, o texto integral do acto alterado, na sua redacção actualizada. E a terceira alínea do art. 13.º acrescenta: «Os Estados-membros podem prever que a publicidade relativa ao texto integral dos estatutos, na redacção resultante das alterações efectuadas desde a constituição da sociedade, seja exigida apenas pela primeira vez, quando ocorrer a próxima alteração dos, estatutos, ou, na sua falta, até 31 de Dezembro de 1970».

O legislador comunitário prescreveu a obrigação de a sociedade, após a alteração do seu contrato, registar e publicar o texto integral do mesmo contrato, com as alterações introduzidas insertas nos lugares próprios, de modo que qualquer pessoa, em qualquer momento, possa tomar facilmente conhecimento do respectivo conteúdo (medida que é tanto mais de aplaudir quanto é certo serem bem conhecidas as dificuldades de estabelecer o texto em vigor dos estatutos de sociedades antigas, várias vezes modificados). É evidente que a norma pretende valer tanto para as sociedades «novas» como para as «velhas». Mas, quanto a estas, a directiva permitiu que o texto actualizado só fosse registado quando se verificasse a primeira alteração ou, no caso de nenhuma ocorrer, até 31-12-1970.

Para que as finalidades visadas pela directiva fossem atingidas, era importante que todas as sociedades, quer as já existentes, quer as que posteriormente se constituíssem, ficassem sujeitas áquela obrigação de publicidade.

Quando a directiva determina, na parte final do n.º 2 do art. 11.º, que, fora dos casos de invalidade ali previstos, as sociedades não podem ser declaradas nulas, nem ficam sujeitas a qualquer outra causa de inexistência, de nulidade absoluta, de nulidade relativa ou de anulabilidade, quer aplicar-se a todas as sociedades, quer às já constituídas, quer às que vierem a constituir-se.

Doutro modo, repetimos, não se alcançaria a segurança jurídica visada pelo legislador comunitário.

Sendo as coisas assim, a qualificação do art. 8.º, n.º 1, do C.S.C. como norma interpretativa aparece na linha da jurisprudência do Tribunal das Comunidades Europeias, segundo a qual ao aplicar o direito nacional, nomeadamente as disposições duma lei interna especialmente editada para dar execução a uma directiva, a jurisdição nacional está obrigada a interpretar o direito interno à luz do texto e da finalidade da directiva [31].

Mas se alguma dúvida a este respeito subsistir no espírito do julgador nacional, o caminho indicado consiste em submeter a questão da interpretação da directiva ao Tribunal das Comunidades Europeias, pela via do reenvio a título prejudicial, nos termos do art. 177.º do Tratado CEE [32].

23. As menções obrigatórias do contrato de sociedade por quotas estão indicadas no art. 9.º, n.º 1 (menções gerais) e no art.

---

[31] Acórdão de 10-04-1984, proc. 14/83 (Rec. 1984-4, pp. 1891 ss., n.º 26) e já no ac. de 12-11-1974, proc. 32/74 (Rec. 1974-2, pp. 1201 ss., n.º 6).
[32] Cfr., por todos, J. MOTA DE CAMPOS, *Direito Comunitário*, vol. II, p. 351 ss.

199.º (*idem* no Projecto), enquanto o art. 200.º se ocupa da formação da firma. Esta será composta, com ou sem sigla, pelo nome ou firma de todos, algum ou alguns dos sócios, ou por uma denominação particular, ou pela reunião de ambos esses elementos e concluirá sempre pela palavra «limitada», por extenso ou abreviada. Os n.ºs 2 e 3 prescrevem regras destinadas a garantir que não figurem na firma indicações enganosas acerca do objecto social.

O capital mínimo da sociedade é de 400 000$00 (art. 201.º), enquanto no Projecto era de 300 000$00 e na lei de 11-4-1901 era de 50 000$00. Cremos que esse montante devia ser elevado para 1 000 contos, que nos parece razoável como limite mínimo de garantia dos credores [33].

---

[33] Como defendemos nos nossos *Temas* cits. (n. 1), pp. 137 e seg., lembramos aqui que, em vários países, o montante mínimo do capital das sociedades de responsabilidade limitada tem sido objecto de actualização, de modo a cumprir cabalmente a sua função de garantia dos credores. Assim:
— na Alemanha, é actualmente de 50 000 marcos (*GmbH-Novelle* de 11-7--1981), equivalentes a 24 180 ECU;
— na Itália, de 20 milhões de liras (Lei de 16-12-1977), equivalentes a 13 250 ECU;
— na França, de 50 000 francos (lei de 1-3-1984), equivalentes a 7 170 ECU;
— na Bélgica, de 750 000 francos (lei de 15-7-1985), equivalentes a 17 330 ECU;
— na Dinamarca, de 80 000 coroas, equivalentes a 10 030 ECU;
— na Grécia, de 200 000 dracmas, equivalentes a 1 240 ECU;
— na Holanda, de 40 000 florins, equivalentes a 17 180 ECU;
— no Luxemburgo, de 100 000 francos luxemburgueses, mas um projecto recente exige 500 000, equivalentes a 11 550 ECU.

Só no Reino Unido e na Irlanda não se exige um capital mínimo, nem há notícia de qualquer projecto nesse sentido.

Se compararmos os valores do capital mínimo exigido em cada país, verificamos que só a Grécia e o Luxemburgo (mas aqui certamente por pouco tempo) prescrevem um capital inferior aos 400 000$00 exigidos pela lei portuguesa (equivalentes a 2 430 ECU). Mais grave é a situação dos países como o Reino Unido, a Irlanda e, por enquanto, a Espanha que nem sequer formulam a exigência dum capital mínimo.

A recente «Propuesta de anteproyecto de ley de reforma parcial y

24. Como já dissemos a propósito da sociedade em nome colectivo, o legislador preocupou-se em regular cumpridamente a invalidade do contrato, bem como a situação da sociedade antes da sua inscrição no registo, acto que faz nascer a pessoa colectiva.

Comecemos pela falta de inscrição no registo. A lei distingue dois períodos: antes e depois da celebração da escritura de constituição da sociedade. No que respeita ao primeiro, o art. 36.º, n.º 2, manda aplicar a disciplina das sociedades civis às relações estabelecidas entre os sócios e com terceiros, no caso de já ter sido acordada a constituição de uma sociedade comercial mas, antes de celebrada a escritura pública, os sócios darem início à sua actividade.

Dado que, na falta de escritura ou de um simples documento particular, pode ser difícil a prova daquele acordo, o art. 36.º, n.º 1, determina a responsabilidade solidária e ilimitada daqueles que, tendo criado a falsa aparência de que existe entre eles uma sociedade, contraírem nesses termos obrigações. Ambas as regras provêm já do Anteprojecto de Parte Geral citado [34].

Para o período compreendido entre a celebração da escritura e o registo do contrato, no tocante às relações entre os sócios, o art. 37.º, n.º 1, manda aplicar, com as necessárias adaptações, as regras estabelecidas no contrato e no Código, salvo aquelas que pressuponham o contrato registado [35]. Bem se compreende que,

---

adaptacion de la legislacion mercantil a las directivas de la C.E.E. en materia de sociedades», suplemento ao n.º 1469 do *Boletin de informacion* do Ministério da Justiça, de 5-10-1987, prevê um capital mínimo de apenas 500 000 pesetas, equivalentes a 3 620 ECU. Ao facto talvez não seja estranha a circunstância de a lei espanhola de 1953 não fixar um capital mínimo e de o legislador querer facilitar a transformação em sociedades de responsabilidade limitada das sociedades anónimas existentes que não possam ou não queiram elevar o seu capital para o mínimo de 10 milhões de pesetas, exigido naquele anteprojecto (cfr. o *Boletin* cit., p. 2925).

[34] Na nota 23. Cfr., no mesmo sentido, o art. 16.º do Anteprojecto de Coimbra.

[35] Cfr. já neste sentido o art. 6.º do Anteprojecto de Parte Geral (n. 23) e o art. 17.º do Anteprojecto de Coimbra.

estando o contrato concluído na forma legal, a lei daí tire as consequências devidas para submeter à disciplina escolhida pelas partes as relações entre elas nascidas. Apenas exclui as regras que pressuponham a existência da personalidade jurídica da sociedade e, entre elas, indica as relativas à transmissão entre vivos dos quinhões sociais e à modificação do contrato social (art. 37.º, n.º 2).

Relativamente às relações com terceiros, o princípio geral é o da responsabilidade ilimitada e solidária de todos quantos, sócios ou não, agirem, no negócio em causa, em representação dela, bem como daqueles sócios que tais negócios autorizarem. Os restantes sócios respondem até às importâncias das entradas a que se obrigaram, acrescidas do que tiverem recebido a título de lucros ou de distribuição de reservas (art. 40.º, n.º 1; art. 46.º, n.º 2, do Projecto) [36].

25. Em matéria de invalidade do contrato, a lei volta a distinguir entre o período anterior ao registo e o período posterior. No primeiro, aplicam-se as regras do direito civil, sem prejuízo, no entanto, do disposto no art. 52.º, que regula os efeitos da invalidade de modo a salvaguardar as legítimas expectativas de terceiros e dos sócios. Todavia, a invalidade decorrente de incapacidade dum sócio é sempre oponível tanto aos outros sócios como a terceiros, enquanto a invalidade resultante de vício da vontade ou de usura só é oponível aos demais sócios (art. 41.º).

Estando o contrato já registado, constituem fundamento de nulidade apenas os seguintes vícios:
a) Falta do mínimo de dois sócios fundadores, salvo quando a lei permita a constituição da sociedade por uma só pessoa;

---

[36] Cfr., em termos não inteiramente coincidentes, o art. 9.º do Anteprojecto de Parte Geral (n. 23) e os arts. 18.º e 31.º do Anteprojecto de Coimbra. Criticando a última parte da norma, cfr. A. FERRER CORREIA (n. 12), pp. 675 s..

b) Falta de menção da firma, da sede, do objecto ou do capital da sociedade, bem como do valor da entrada de algum sócio ou de prestações realizadas por conta desta;
c) Menção de um objecto ilícito ou contrário à ordem pública;
d) Falta de cumprimento dos preceitos legais que exigem a liberação mínima do capital social;
e) Não ter sido reduzido a escritura pública o contrato de sociedade.

A opção legislativa foi decisivamente influenciada pela 1.ª directiva (68/151/CEE) em matéria de sociedades comerciais, a qual está impregnada pela ideia de reduzir drasticamente as causas de nulidade das sociedades anónimas, em comandita por acções e por quotas. Diga-se, no entanto, que o C.S.C. não foi tão longe como outras legislações que dos vários fundamentos previstos no art. 11.º da directiva apenas retiveram uma parte [37]. Além disso, a inclusão da falta de menção da *sede* entre as causas de nulidade está em desacordo com o preceituado na directiva. Tal vício não estava previsto no Projecto de Código das Sociedades (cfr. o art. 39.º, n.º 2) como causa de nulidade, tendo esta sido introduzida na última revisão ministerial.

Como já escrevemos, a segurança do tráfico jurídico impõe que não relevem aqui todos os fundamentos de invalidade dos negócios jurídicos previstos na lei civil. Por outro lado, a constituição da sociedade foi precedida da verificação da sua conformidade com a lei, a cargo do notário e do conservador do registo comercial [38]. Estamos em crer que é praticamente impossível que algum dos fundamentos indicados possa vir a verificar-se.

---

[37] Cfr. sobre o assunto, A. FERRER CORREIA e A. CAEIRO, *est. cit.* (n. 23), pp. 47 ss., RAUL VENTURA, «Adaptação» cit. (n. 22), pp. 77 ss..

[38] Sem embargo de, como já dissemos *supra*, não ter passado para o C.S.C. a regra contida no art. 19.º, n.º 1, do Projecto.

Quando, em vez da declaração de nulidade do contrato de sociedade, se puser o problema da anulação da participação de um sócio duma sociedade por acções ou por quotas registada, a anulação só pode ser decretada com fundamento em incapacidade (art. 45.º, n.º 2; art. 39.º, n.º 2, do Projecto). Nos restantes casos, ao sócio é reconhecido apenas o direito de se afastar da sociedade, recebendo o valor da sua parte (art. 45.º, n.º 1; cfr. art. 40.º do Projecto).

O C.S.C. prevê ainda várias medidas destinadas a desinteressar o sócio, no intuito evidente de salvar a sociedade da sua extinção (cfr. o art. 50.º; art. 40.º, n.º 4, do Projecto), bem como medidas que permitam à sociedade sanar o vício verificado (arts. 42.º, n.º 2, 43.º, n.º 3 e 49.º).

A declaração de nulidade ou anulação do contrato de sociedade leva à liquidação desta, praticamente como se se tratasse duma sociedade validamente constituída. É o que resulta do disposto no art. 52.º (art. 43.º do Projecto).

II

Obrigações e direitos dos sócios

1. *Obrigação de entrada*

26. No capítulo II estão tratadas as *obrigações e direitos dos sócios*, estando a 1.ª secção epigrafada *obrigação de entrada*.

Mantém-se o princípio de que não são admitidas contribuições de indústria (art. 202.º, n.º 1; art. 223.º, n.º 1, do Projecto) e de que só pode ser diferida a efectivação de metade das entradas em dinheiro. Todavia, este diferimento só é permitido quando os pagamentos feitos por conta das entradas (em dinheiro ou em espécie) perfizerem o capital mínimo fixado na lei (art. 202.º, n.º 2) e tem o limite máximo de cinco anos (art. 203.º, n.º 1). O legislador deu ouvidos à nossa crítica ao regime do Projecto (cfr. art. 223.º, n.º 2) que, afastando-se do previsto no Anteprojecto de Coimbra (art. 25.º, n.º 1, al. *a*)), autorizava sempre o diferimento de metade das entradas em dinheiro e, por isso, possibilitava a constituição de uma sociedade por quotas em que as quantias efectivamente recebidas fossem de 150 000$00 [39]. Estas quantias devem ser depositadas na Caixa Geral de Depósitos, antes de celebrado o contrato social, numa conta aberta em nome da futura sociedade, da qual só podem ser efectuados levantamentos depois do registo definitivo do contrato, ou depois de outorgada a escritura, caso os sócios autorizem os gerentes a efectuá-los para fins determinados, ou para os fins da liquidação da sociedade, provocada pela inexistência ou nulidade do contrato ou pela falta do registo (art. 202.º, n.ºs 3 e 4; art. 223.º, 3, do Projecto). A permissão de levantamento de quantias depositadas logo após a celebração da escritura de constituição da sociedade foi introduzida no C.S.C. pelo DL 280/87 e visou certamente dar satisfação às críticas feitas à longa imobilização do capital, causada pela demora em obter o registo. Melhor teria sido promover as reformas necessárias para que essa demora fosse reduzida, de modo a que pudesse ser mantido o sistema consagrado na primeira versão do Código, segundo o qual o capital realizado ao tempo da celebração da escritura devia existir no momento do registo, isto é, no momento da atribuição de personalidade jurídica à sociedade.

O sócio que não realizar a prestação da sua entrada em dívida, depois de avisado para o fazer, pode ser excluído da sociedade e perder total ou parcialmente a sua quota (art. 204.º; art. 225.º do Projecto).

---

[39] Cfr. o nosso estudo «As sociedades por quotas», in *Temas* cit. (n. 1), pp. 331 e seg..

Os arts. 205.º e seguintes tratam da venda da quota do sócio excluído, da responsabilidade do sócio e dos anteriores titulares da quota pela realização das quantias em dívida e da responsabilidade dos outros sócios.

2. *Obrigações e prestações acessórias*

27. Na secção II estão reguladas as *obrigações e prestações acessórias*, ou seja, as prestações que os sócios se obrigaram a efectuar para além das entradas, no contrato de sociedade (art. 209.º; art. 231.º do Projecto). As prestações acessórias podem ter conteúdo pecuniário ou diverso (por ex., a obrigação de o sócio comprar ou vender certos produtos à sociedade) e, sendo onerosas, a contraprestação pode ser paga pela sociedade independentemente da existência de lucros. A situação do sócio como tal não é afectada pela falta de cumprimento das obrigações acessórias.

3. *Prestações suplementares*

28. As *prestações suplementares* constam da secção III. Estas são sempre de carácter pecuniário e o contrato deve fixar o seu montante global, quais os sócios que ficam obrigados a efectuá-las e o critério da sua repartição entre os sócios a elas obrigados (art. 210.º; art. 231.º do Projecto). As prestações suplementares só são exigíveis depois de os sócios assim o terem deliberado, desde que todos os sócios tenham sido interpelados para liberarem as suas quotas e a sociedade não tenha sido dissolvida (art. 211.º; art. 232.º do Projecto).

O sócio que não realize a prestação suplementar a que se obrigou, pode ser excluído da sociedade e perder a sua quota (cfr.

o art. 212.º que remete para os arts. 204.º e 205.º; art. 233.º do Projecto).

As prestações suplementares só podem ser restituídas aos sócios desde que a situação líquida não fique inferior à soma do capital e da reserva legal e o respectivo sócio já tenha liberado a sua quota (art. 213.º; art. 234.º do Projecto).

4. Direito à informação

29. Na secção IV regula-se o *direito à informação*, matéria da maior importância mas que a lei anterior regulava de modo insuficiente. A regulamentação deste direito, nos termos amplos em que se acha feita, revela que o legislador considerou como típica a sociedade por quotas em que os sócios são poucos e se interessam pela vida social e, por isso, facultou-lhes meios muito eficazes para se informarem acerca dos assuntos da sociedade — o legislador teve em mente a sociedade por quotas — sociedade de pessoas (compare, de resto, o art. 214.º — 235.º do Projecto — com o art. 181.º, relativo ao mesmo direito nas sociedades em nome colectivo).

O sócio pode exigir que os gerentes lhe prestem informação verdadeira, completa a elucidativa sobre a gestão da sociedade, bem como pode consultar a escrituração, livros e documentos e inspeccionar os bens sociais. Nesta consulta pode fazer-se assistir por um revisor oficial de contas ou outro perito, bem como usar da faculdade reconhecida pelo art. 576.º do Cód. Civil.

O direito à informação pode ser regulamentado no contrato de sociedade, contanto que não seja impedido o seu exercício efectivo ou injustificadamente limitado o seu âmbito.

O sócio que utilize as informações obtidas de modo a prejudicar injustamente a sociedade ou outros sócios é responsável, nos termos gerais, pelos prejuízos causados e fica sujeito a exclusão. Os mesmos direitos competem ao usufrutuário quando, por lei ou convenção, lhe caiba exercer o direito de voto.

Os gerentes podem recusar a informação, a consulta ou a inspecção aludidas quando for de recear que o sócio as utilize para fins estranhos à sociedade e com prejuízo desta e, bem assim, quando a prestação ocasionar violação de segredo imposto por lei no interesse de terceiros. No caso de recusa de informação ou de prestação de informação presumivelmente falsa, incompleta ou não elucidativa, pode o sócio submeter o assunto a deliberação da assembleia (art. 215.º; art. 236.º do Projecto). O sócio pode ainda requerer inquérito judicial (art. 216.º; art. 237.º do Projecto).

Note-se que o Código não exclui do exercício deste direito o sócio que seja gerente, afastando, assim, a solução do Projecto (cfr. art. 235.º, n.º 1) que criticámos [40] e acolhendo a do Anteprojecto de Coimbra (art. 119.º).

5. *Direito aos lucros*

30. Segue-se a secção V que trata do *direito aos lucros*. Todos conhecem as dificuldades e divergências a que deu lugar a interpretação do art. 20.º da Lei de 11-4-1901, as quais não se devem repetir agora [41].

Convém lembrar aqui que a distribuição de lucros só pode ser feita depois de ter sido deliberada pelos sócios (art. 31.º, n.º 1; art. 33.º, n.º 1, do Projecto). Posto isto, a lei determina que os

---

[40] Cfr. o nosso estudo «As sociedades por quotas», in *Temas* cit. (n. 1), p. 334. Para RAUL VENTURA, apenas o sócio não gerente pode socorrer-se deste direito (*Sociedades por quotas*, vol. I, p. 286). A história do preceito mostra que foi outra a opção do legislador. No sentido do texto, cfr. o ac. da Relação do Porto, de 21-1-1988 (CJ 1988, t. I, pp. 194 s.), embora o processo respeitasse ao direito à informação do sócio administrador de uma anónima.

[41] A. CAEIRO e M. NOGUEIRA SERENS, «Direito aos lucros e direito ao dividendo anual», RDE 5.º (1979), p. 369.

lucros sejam atribuídos aos sócios de acordo com o que estiver estipulado no contrato de sociedade ou segundo o que for deliberado em assembleia geral por maioria de três quartos dos votos correspondentes ao capital social. Na falta duma tal cláusula ou duma tal deliberação, não pode deixar de ser distribuída aos sócios metade do lucro do exercício que, nos termos da lei, seja distribuível (art. 217.º, n.º 1, na redacção do DL 280/87). A nova redacção deste preceito teve em vista dissipar certas dúvidas nascidas do confronto com o art. 294.º, relativo ao direito aos lucros dos accionistas, tendo ficado agora ambas as normas redigidas da mesma maneira (cfr. os anteriores arts. 217.º e 294.º, bem como os arts. 238.º e 362.º do Projecto).

Por conseguinte, apurado o lucro distribuível, 5% são destinados ao fundo de reserva legal, até que este atinja a quinta parte do capital social, ou, pelo menos, 200 000$00 (art. 218.º; art. 239.º do Projecto). Sobre o destino do restante delibera a assembleia geral, a qual deve observar as cláusulas estatutárias pertinentes, se as houver, ou deliberar por maioria de três quartos dos votos correspondentes ao capital. Na ausência de cláusula e na falta de deliberação tomada pela referida maioria, a assembleia delibera por maioria simples sobre a distribuição dos lucros, mas não pode afectar a reservas mais do que metade do lucro de exercício distribuível, isto é, tem de deliberar distribuir aos sócios metade, pelo menos, dos lucros.

Com esta regra procurou-se acautelar tanto os interesses dos sócios minoritários que se queixam frequentemente de nada receberem da sociedade ao longo de muitos anos, sendo certo que quase sempre não participam da gerência, entregue aos maioritários, como permitir o auto-financiamento, embora limitado, da empresa. Sem prejuízo, como é óbvio, de os sócios regularem o assunto como entenderem no contrato de sociedade ou de a assembleia geral vir a deliberar, com maioria idêntica à que é exigida para a alteração do contrato, a afectação dos lucros em mais de metade a reservas, quando a situação da sociedade assim o exigir. A exigência da maioria qualificada constituirá normalmente garantia bastante contra o abuso de poder por parte dos sócios maioritários.

A constituição da reserva legal está prevista no artigo 218.º, a que já aludimos.

III

Quotas

1. *Unidade, montante e divisão da quota*

31. As *quotas* constituem objecto do caítulo III, cuja secção I se intitula *unidade, montante e divisão da quota*. A quota de um sócio representa a sua entrada, com dinheiro ou bens, e não pode ser representada por títulos (art. 219.º, n.º 7; art. 202.º, n.º 6, do Projecto).

O novo montante mínimo da quota é de 20 000$00, devendo o seu valor ser divisível por 250$00 (art. 219.º, n.º 3; art. 202.º, n.º 2, do Projecto) [42]. A lei consagra o princípio da unidade da quota (cfr. o art. 219.º, n.ºs 1 e 2), sem prejuízo de algumas excepções (n.ºs 2 e 4).

É permitida a aquisição de quotas próprias inteiramente liberadas, a título gratuito, ou em execução movida contra o sócio, ou ainda se a sociedade dispuser de reservas livres em montante não inferior ao dobro do preço a pagar por elas, sendo nulas as aquisições efectuadas com violação destas regras. Os

---

[42] A primitiva redacção do art. 219.º, n.º 3, determinava que a quota devia ser divisível por 400$00. Tratava-se, manifestamente, dum divisor inconveniente que muito dificultava a divisão de quotas. Razão pela qual o legislador modificou a regra por via do DL n.º 280/87.

direitos inerentes às quotas próprias ficam suspensos, excepto o de elas participarem em aumento de capital por incorporação de reservas (art. 220.º; art. 203.º do Projecto).

A divisão de quotas está contemplada no art. 221.º (art. 204.º do Projecto). A quota só pode ser dividida mediante amortização parcial, transmissão parcelada ou parcial, partilha ou divisão entre contitulares, devendo cada uma das quotas resultantes da divisão ter um valor igual ou superior a 20 000$00.

Nos casos de transmissão parcelada ou parcial, a divisão não produz efeitos para com a sociedade enquanto esta não prestar o seu consentimento, salvo tratando-se de cessão entre cônjuges, entre ascendentes e descendentes ou entre sócios.

No caso de partilha ou divisão entre contitulares, não é necessário obter o consentimento da sociedade para a divisão; no entanto, o contrato de sociedade pode proibir a divisão por período que não exceda cinco anos.

Os actos que importem divisão de quota devem constar de escritura pública.

A alteração do contrato social que dificulte ou exclua a divisão de quota só é eficaz com o consentimento de todos os sócios.

2. *Contitularidade da quota*

32. Na secção II está regulada a *contitularidade da quota*. Quando esta situação ocorrer, os contitulares devem exercer os direitos inerentes à quota através de representante comum (art. 222.º, n.º 1; art. 205.º, n.º 1, do Projecto).

O representante comum pode ser designado por lei ou por disposição testamentária ou escolhido pelos contitulares, nos termos previstos no art. 1 407.º, n.º 1, do Cód. Civ. (deliberação tomada pela maioria dos consortes que represente metade do valor dos quinhões). Quando não for possível obter a nomeação do representante comum pelos meios descritos, qualquer dos contitulares pode pedir a nomeação judicial do representante, assim como pode sempre pedir a destituição judicial do representante que não seja directamente designado pela lei.

Os contitulares deliberam sobre o exercício dos seus direitos nos termos previstos no art. 1 407.º, n.º 1 do Cód. Civ.. Mas se estiver em causa a extinção, alienação ou oneração da quota, o aumento de obrigações, a renúncia ou redução dos direitos dos sócios exige-se o consentimento de todos os contitulares (art. 224.º; art. 207.º do Projecto).

3. *Transmissão da quota*

33. A transmissão da quota está prevista na secção III.

A lei começa por regular a transmissão por morte do sócio (arts. 225.º a 227.º; arts. 208.º a 210.º do Projecto), dando aos interessados a possibilidade de escolherem o regime mais adequado ao caso, desde que sejam respeitados certos parâmetros. Assim, pode estipular-se que a quota não se transmite aos sucessores do falecido ou que apenas se transmite a algum ou alguns deles ou que se transmite nos termos gerais de direito. Quando a quota, por força de disposições contratuais, não se transmitir aos sucessores do falecido, a sociedade deve amortizá-la, adquiri-la ou fazê-la adquirir por sócio ou por terceiro; se nenhuma destas medidas for efectivada nos 90 dias seguintes ao conhecimento da morte do sócio por algum dos gerentes, a quota considera-se transmitida. Mais uma vez o legislador quis conciliar a protecção do interesse dos sócios sobrevivos no controlo das pessoas que poderiam vir a ingressar no grémio social com a protecção do interesse destas em verem definida a sua posição face à sociedade.

A determinação e o pagamento da contrapartida devida aos sucessores são feitos nos termos acordados pelas partes ou previstos no contrato ou, na sua falta, nos termos estabelecidos no art. 235.º para a amortização.

Se a contrapartida não for paga tempestivamente, os interessados poderão escolher entre a efectivação do seu crédito e a ineficácia da alienação, considerando-se neste último caso transmitida a quota para os sucessores do sócio falecido aos quais caiba o respectivo direito.

O contrato social pode ainda atribuir aos sucessores do sócio falecido o direito de estes exigirem a amortização da quota ou condicionar a transmissão à vontade dos sucessores. Quando alguma das hipóteses previstas se verificar, devem aqueles manifestar a sua vontade à sociedade, por escrito, nos 90 dias seguintes ao conhecimento do óbito. Se a sociedade, no prazo de 30 dias, não desinteressar os sucessores (amortizando a quota, adquirindo-a ou fazendo-a adquirir por sócio ou terceiro), podem estes requerer a dissolução judicial da sociedade.

No art. 227.º dispõe-se acerca da situação da quota no período que medeia entre a data do falecimento do sócio e o momento da amortização ou aquisição da quota. O princípio acolhido na lei é o de que, sendo a quota amortizada ou adquirida, o respectivo negócio jurídico retrotrai os seus efeitos à data do falecimento, ficando entretanto suspensos os direitos e obrigações inerentes. Podem, todavia, os sucessores exercer todos os direitos necessários à tutela da sua posição jurídica, especificando a lei que eles podem votar em deliberações sobre alteração do contrato ou dissolução da sociedade.

34. Seguem-se as regras que disciplinam a *transmissão entre vivos* (arts. 228.º a 231.º; arts. 211.º a 214.º do Projecto). A transmissão de quotas entre vivos está sujeita a forma — escritura pública — e torna-se eficaz para com a sociedade logo que lhe for

comunicada por escrito ou por ela reconhecida, expressa ou tacitamente.

O legislador concedeu às partes grande liberdade no estabelecimento do regime da cessão, podendo esta ser livre, proibida ou condicionada à prestação de consentimento pela sociedade. Na falta de estipulação contratual, a regra é que a cessão não produz efeitos para com a sociedade enquanto não for consentida por esta, salvo tratando-se de cessão entre cônjuges [42a], entre ascendentes e descendentes ou entre sócios (mas pode o contrato exigir o consentimento da sociedade mesmo para estas hipóteses).

A nova lei abandonou, assim, o anterior regime supletivo da liberdade da cessão, por se ter verificado que os interessados quase sempre estipulavam restrições àquela liberdade, sujeitando a cessão ao consentimento da sociedade, concedendo a esta ou aos sócios um direito de preferência ou cumulando aquela exigência a este direito. Anote-se que não serão lícitas doravante as cláusulas que exijam o consentimento de certo ou certos sócios, dado o disposto no art. 229.º, n.º 5, al. *a*). Tais cláusulas são nulas por

---

[42a] Em nota ao art. 228.º, n.º 2, escreve o Dr. PINTO FURTADO, *ob. cit.* (n. 14), p. 147: «A expressa admissibilidade da cessão de quotas entre cônjuges, que aqui se contém, é uma inequívoca restrição à proibição de compra e venda entre cônjuges não separados judicialmente de pessoas e bens, constante do art. 1714-2 CC. Desaparece deste modo qualquer dúvida acerca da legitimidade de tal cessão de quotas, que a proibição do Código Civil poderia levantar».

Não cremos seja essa a boa interpretação da lei. O C.S.C. não pretendeu derrogar ou modificar a proibição da compra e venda entre cônjuges, consagrada na lei civil. O que se quis dizer no aludido n.º 2 do art. 228.º foi que para as cessões de quotas entre cônjuges, efectuadas nos casos permitidos pela lei civil, fica dispensada a exigência do consentimento da sociedade, prescrita para a generalidade das cessões.

Do mesmo modo, não houve a intenção de modificar a proibição de venda a filhos ou netos, sem o consentimento dos outros filhos ou netos, estabelecida no art. 887.º, n.º 1, do Cód. Civil. Também quanto à cessão de quotas a filhos ou netos se dispensa o consentimento da sociedade, mas sem prejuízo do preceituado na lei civil.

contrariarem uma disposição imperativa da lei (cfr. o art. 509.º, n.º 1).

Se o contrato proibir a cessão de quotas, os sócios terão o direito de se exonerarem da sociedade, decorridos 10 anos sobre o seu ingresso. Assim se tornou compatível o interesse na estabilidade do grémio social com o interesse do sócio em liquidar a sua participação.

O pedido do consentimento da sociedade para a cessão está regulado no art. 230.º (art. 213.º do Projecto) e a sua recusa no art. 231.º (art. 214.º do Projecto).

Assinale-se que a comunicação da recusa do consentimento deve incluir uma proposta de amortização ou de aquisição da quota, sem o que a cessão se torna livre. Se tal proposta não for aceite pelo cedente no prazo de 15 dias, fica ela sem efeito e a recusa mantém-se.

IV
Amortização da quota

35. A *amortização da quota* consiste na extinção desta e pode ser deliberada nos casos previstos na lei ou no contrato (art. 232.º; art. 215.º do Projecto). Só podem ser amortizadas as quotas inteiramente liberadas, salvo no caso de redução do capital; trata-se, como é evidente, duma medida que visa garantir a realização das entradas dos sócios.

O n.º 5 do art. 232.º consagra genericamente a faculdade de a sociedade, sempre que tenha o direito de amortizar a quota, optar por outras medidas: adquiri-la ou fazê-la adquirir por sócio ou por terceiro. A finalidade desta norma é a de facilitar que certas medidas, designadamente o afastamento dum sócio, sejam tomadas, permitindo que a sociedade escolha aquela que, no caso, for mais adequada.

Nos artigos seguintes consagram-se normas que vêm resolver alguns problemas discutidos na vigência do direito anterior, em consonância com a doutrina dominante.

Assim, a amortização compulsiva só pode ser deliberada quando tenha ocorrido um facto previsto no pacto social como fundamento de tal amortização ao tempo da aquisição da quota pelo seu actual titular ou pela pessoa a quem este sucedeu por morte ou, então, se a introdução desse facto no contrato foi deliberada com o acordo de todos os sócios (arts. 234.º; art. 215.º e 216.º do Projecto). Quer isto dizer que não é possível introduzir num contrato de sociedade uma nova cláusula de amortização sem o consentimento de todos e de cada um dos sócios.

A amortização efectua-se por deliberação dos sócios, tomada por maioria simples, e torna-se eficaz mediante comunicação dirigida ao sócio por ela afectado. A deliberação deve ser tomada no prazo de 90 dias, a contar do conhecimento do facto por algum gerente (art. 234.º; art. 217.º do Projecto).

O Projecto exigia, contra a orientação anteriormente dominante, que a deliberação fosse tomada pela maioria exigida para a deliberação de dissolução da sociedade, ou seja, por três quartos dos votos correspondentes ao capital e que a amortização fosse consignada em escritura pública. Criticámos esta solução, visto que a amortização, tal como outras operações sobre a quota (divisão, unificação), não constitui uma *alteração material* do contrato, nem uma *dissolução parcial*, razão pela qual não há motivo para exigir a maioria qualificada [43].

---

[43] Todavia, RAUL VENTURA continua a sustentar, sem qualquer apoio legal, que a deliberação em causa deve ser tomada por maioria qualificada; cfr. *ob. cit.*, (n. 40), pp. 659 e segs., 698 e segs., 740 e segs.. No sentido do texto, MENERES PIMENTEL, *Código das sociedades comerciais*, 1987, p. 204, n. 251 e A. FERRER CORREIA, «A nova sociedade por quotas de responsabilidade limitada do Direito português», Sc. Jur. 1986, p. 355, que critica abertamente a solução do Projecto, e «A sociedade por quotas» cit. (n. 12), pp. 695 s..

36. A determinação da contrapartida da amortização está regulada no art. 235.º (art. 218.º do Projecto). A regra de princípio é que valem as estipulações do contrato ou aquilo em que as partes acordarem. Na falta de ambas as coisas, o valor da quota é calculado nos termos do art. 1021.º do Código Civil, com referência ao momento da deliberação de amortização, por um revisor oficial de contas designado por mútuo acordo (art. 235.º, n.º 1, al. *a*)). Portanto, deu-se aqui prevalência à autonomia da vontade dos sócios.

Se a amortização recair sobre quotas arroladas, arrestadas, penhoradas ou incluídas em massa falida ou insolvente, a determinação da contrapartida será feita nos termos da alínea *a)* do n.º 1 do art. 235.º (valor real) e o pagamento nos termos da alínea *b)* do mesmo número, salvo se os estipulados no contrato forem menos favoráveis para a sociedade. A lei sacrificou aqui os interesses dos sócios em benefício dos interesses dos credores do titular da quota amortizanda.

37. A conservação ou intangibilidade do capital e da reserva legal é garantida pelo disposto no art. 236.º (art. 219.º do Projecto): a faculdade de amortizar quotas apenas pode ser exercida se a situação líquida da sociedade, à data da deliberação, não ficar inferior à soma do capital e da reserva legal, depois de paga a contrapartida da amortização. Exceptua-se a hipótese de simultaneamente ser deliberada a redução do capital.

Se se verificar, no momento do vencimento da obrigação de pagar aquela contrapartida, que a situação líquida da sociedade passaria a ser inferior à aludida soma do capital e da reserva legal, a amortização fica sem efeito.

38. Verificada a extinção duma quota por força da amortização, as quotas dos outros sócios são proporcionalmente aumentadas (art. 237.º; art. 220.º do Projecto). Trata-se de solução que não era líquida no direito anterior.

Por uma questão de certeza, a lei exige que os sócios fixem, por deliberação, o novo valor nominal das quotas, devendo os gerentes outorgar a correspondente escritura pública se a acta daquela deliberação não tiver sido lavrada por notário. Trata-se, como acima dissemos, duma alteração *meramente* formal do contrato de sociedade que, tal como outras do mesmo tipo, deve ser consignada em escritura pública (cfr. os arts. 221.º, n.º 2, para a divisão de quotas e 219.º, n.º 5, para a unificação de quotas).

Mas o contrato pode estipular que a quota figure no balanço como quota amortizada (caso em que, portanto, não há lugar ao aumento do valor nominal das outras quotas, nem há motivo para se exigir a celebração de escritura [44]) e pode permitir que, por deliberação dos sócios, sejam criadas uma ou várias quotas que perfaçam o nominal da quota amortizada, destinadas a serem alienadas a um ou a alguns sócios ou a terceiros.

39. O art. 238.º (221.º do Projecto) contempla a hipótese de, havendo contitularidade duma quota, se verificar apenas relativamente a um dos contitulares facto que constitua fundamento de amortização e dispõe que os sócios podem deliberar a divisão da quota com vista à amortização da (nova) quota daquele.

Deste modo se conciliaram interesses antagónicos, com a maior equidade. Nem são prejudicados os contitulares alheios ao facto, nem deixa a sociedade de poder valer-se da faculdade de amortizar a quota correspondente ao contitular em causa.

---

[44] Não tem, por isso, razão RAUL VENTURA quando defende que: *a)* a deliberação de amortização deve ser tomada por maioria qualificada; *b)* a amortização deve constar sempre de escritura pública; *c)* a deliberação que fixa o novo valor nominal das quotas deve ser contemporânea da deliberação de amortização.

Quanto a este último ponto, para além de a lei nada estatuir nesse sentido, não vemos por que motivo haveriam os sócios de ter de proceder assim, especialmente quando se verificar a hipótese prevista no n.º 3 do art. 237.º.

V
Execução da quota

40. *A execução da quota* está contemplada no art. 239.º (art. 222.º do Projecto). A permissão para a penhora de quotas resultava já do art. 826.º do Cód. Proc. Civ., tendo-se limitado o art. 239.º, n.º 1, a definir o âmbito da penhorabilidade: são penhoráveis os direitos patrimoniais inerentes à quota, com ressalva do direito a lucros já atribuídos por deliberação social. O respectivo direito de crédito do sócio é, no entanto, penhorável autonomamente. Esclarece ainda o n.º 1 que o direito de voto é exercido pelo titular da quota penhorada, solução que já decorria do teor da 1.ª parte do referido n.º 1 que apenas prevê, como dissemos, a penhora de «direitos patrimoniais».

Os n.ºs 2, 4 e 5 do art. 239.º têm em vista dar a protecção devida a interesses antagónicos. Por um lado, o do credor que queira executar o devedor e a quem este ou a sociedade não devem poder pôr entraves no tocante à venda executiva da quota. Por outro, o da sociedade que deve poder evitar a entrada dum novo sócio, porventura indesejável. Assim, a transmissão de quotas em processo executivo ou de liquidação de patrimónios não pode ser proibida ou limitada pelo contrato de sociedade, nem está dependente do consentimento desta. Mas o contrato pode atribuir à sociedade o direito de amortizar quotas em caso de penhora e bem assim, na venda ou adjudicação judicial de quotas, os sócios e a sociedade gozam do direito legal de preferência.

No n.º 3 determina-se que a sociedade ou o sócio que satisfaça o exequente fica sub-rogado no crédito, nos termos do art. 593.º do Cód. Civ..

Lembre-se que, no caso de a sociedade deliberar a amortização da quota penhorada, a contrapartida a pagar por ela deve obedecer ao disposto no art. 235.º, n.º 1, als. *a*) e *b*) (cfr. o art. 235.º, n.º 2), isto é, deverá corresponder ao valor real da quota.

VI

Exoneração e exclusão de sócios

41. O Código trata seguidamente da *exoneração* e da *exclusão* de sócios (arts. 240.º e segs.; arts. 245.º e seg. do Projecto), institutos que a lei anterior não regulava cumpridamente.

O sócio pode exonerar-se da sociedade nos casos previstos na lei e no contrato e ainda quando:

a) A sociedade deliberar um aumento de capital a subscrever total ou parcialmente por terceiros, a mudança do objecto social, a prorrogação da sociedade, a transferência da sede para o estrangeiro ou o regresso à actividade da sociedade dissolvida;

b) Havendo justa causa de exclusão de um sócio, a sociedade não deliberar excluí-lo ou não promover a sua exclusão judicial.

A lei não seguiu aqui o exemplo do Projecto alemão, que optou por uma cláusula geral, e foi mais restritiva que os projectos (cfr. o art. 125.º, n.º 1, do Anteprojecto de Coimbra e o art. 246.º, n.º 1, do Projecto). O legislador preferiu determinar ele próprio os casos legais de exoneração, para que não houvesse lugar a incerteza. Por outro lado, embora tivesse consagrado um número importante de eventos que podem fundamentar o afastamento dum sócio, não foi tão longe como os projectos, tendo afastado a hipótese de a sociedade não deliberar destituir o gerente ou promover a sua destituição judicial, apesar de para tanto haver justa causa.

Exige a lei que o sócio tenha liberado a sua quota, preceito ditado pela necessidade de salvaguardar a inteira realização do capital.

A sociedade deve amortizar a quota do sócio, adquiri-la ou fazê-la adquirir por sócio ou terceiro, sob pena de aquele poder requerer a dissolução judicial da sociedade.

A contrapartida a pagar ao sócio é calculada nos termos previstos no art. 105.º, n.º 2, mas terá de equivaler ao valor real da quota nos casos de exoneração previstos na lei.

Se a contrapartida a que o sócio tem direito não puder ser paga sem ofensa da intangibilidade do capital, acrescido da reserva legal, o sócio pode optar entre a espera do pagamento e a dissolução judicial da sociedade.

A lei proibe a estipulação de cláusulas estatutárias que prevejam a exoneração pela vontade arbitrária dum sócio.

42. A *exclusão de sócios* está prevista nos arts. 241.º e seg., ocupando-se o primeiro da exclusão por deliberação dos sócios e o segundo da exclusão judicial.

Dispõe o art. 241.º que um sócio pode ser excluído da sociedade nos casos e termos previstos na lei e bem assim nos casos respeitantes à sua pessoa ou ao seu comportamento, fixados no contrato, aplicando-se nesta hipótese os preceitos relativos à amortização de quotas.

A lei admite que o contrato fixe um valor ou um critério para a determinação do valor da quota diferente do preceituado para os casos de amortização de quotas.

No art. 242.º determina-se que pode ser excluído por decisão judicial o sócio que, com o seu comportamento desleal ou gravemente perturbador do funcionamento da sociedade, lhe tenha causado ou possa vir a causar-lhe prejuízos relevantes. Veio o legislador a acolher, assim, a orientação que permite excluir um sócio cujo comportamento seja susceptível de lesar a consecução dos objectivos comuns, tornando inexigível aos outros associados que suportem a sua presença no grémio social, mesmo quando o contrato é omisso sobre o ponto. Esta orientação era de há muito defendida na Alemanha, obteve consagração no Projecto alemão e já era seguida por boa parte da nossa doutrina, para ela parecendo que vinha a inclinar-se ultimamente a jurisprudência pátria [45]. Para melhor garantia do sócio excluendo, exige-se o recurso ao tribunal, assim se afastando a outra solução possível que consistia em cometer o poder de excluir à assembleia.

Compete à sociedade deliberar sobre a proposição da acção de exclusão, estando o sócio excluendo privado de exercer o direito de voto (cfr. o art. 251.º, n.º 1, al. *d*)). Proferida a sentença de exclusão, a sociedade deve amortizar a quota do sócio, adquiri-la ou fazê-la adquirir, sob pena de a exclusão ficar sem efeito.

O sócio excluído tem direito a receber o valor da sua quota, calculado com referência à data da proposição da acção e pago nos termos prescritos para a amortização, salvo havendo cláusula estatutária que disponha diversamente.

VII

Contrato de suprimento

43. No capítulo IV veio o C.S.C. colmatar uma das mais importantes lacunas da legislação pretérita: o *contrato de suprimento*. Como é geralmente conhecido, há muito que o capital mínimo exigido por lei, 50 000$00, estava completamente desactualizado, não constituindo a garantia mínima que seria exigível para a constituição do património duma sociedade de responsabilidade

---

[45] Cfr. sobre o estado da questão, as nossas anotações aos acórdãos do STJ de 14-6-1983 (BMJ 328, p. 593 e *Temas* cits. (n. 1), p. 517) e de 18-6-1985 (BMJ 348, p. 441).

limitada. Daí que, cada vez com mais frequência, a insuficiência de capital próprio fosse suprida com adiantamentos feitos pelos sócios que preferiam ficar na situação de credores a aumentar as suas quotas. Sociedades havia que, constituídas com um capital de cem ou duzentos contos, eram devedoras aos sócios de dezenas de milhares de contos, muitas vezes provenientes de lucros distribuídos mas não levantados.

Em caso de desinteligência entre os sócios, era certo e sabido que o grande «argumento» consistia na exigência do reembolso dos suprimentos efectuados pelo sócio desavindo. E o «argumento» pegava quase sempre, pois os nossos tribunais aplicavam à restituição dos suprimentos o regime do mútuo, com consequências indesejáveis, quer no que respeita às relações entre os sócios mutuantes e a sociedade, quer no tocante às relações com outros credores sociais.

44. O n.º 1 do art. 243.º (art. 268.º, n.º 1, do Projecto) define o contrato de suprimento como figura negocial autónoma. É que nem todos os mútuos dos sócios à sociedade devem ficar sujeitos a um regime especial. Este apenas se justifica relativamente aos adiantamentos que se destinem a substituir, na vida económica da sociedade, prestações de capital, aquelas prestações que os sócios deveriam efectuar se procedessem como comerciantes normalmente diligentes, como se exprime o Projecto alemão. Por razões de certeza, optou-se, todavia, por consagrar na lei o critério da permanência: se os bens são postos pelo sócio à disposição da sociedade de uma forma não transitória, isso revelará que eles foram afectados a fins semelhantes aos do capital.

Constituem índices do carácter de permanência:
a) a estipulação de um prazo de reembolso superior a um ano, contemporânea ou posterior à constituição do crédito;

b) a não utilização da faculdade de exigir o rembolso durante um ano, contado da constituição do crédito (tratando-se de lucros distribuídos e não levantados, o prazo conta-se da data da deliberação que aprovou a distribuição).

No n.º 6 do mesmo artigo resolveu-se o problema da forma do contrato de suprimento, subtraindo-o à forma prescrita na lei civil para o mútuo, por esta ser manifestamente incompatível com as necessidades do comércio, além de que já não era observada na prática.

45. O regime do contrato está contido no art. 245.º (art. 270.º do Projecto).

Não tendo sido estipulado prazo para o reembolso dos suprimentos, é aplicável o disposto no art. 777.º, n.º 2, do Cód. Civ., isto é, o prazo será fixado pelo tribunal, que terá em conta as consequências que ele acarretará para a sociedade, podendo, designadamente, determinar que o pagamento seja fraccionado em certo número de prestações. Não consagrou o C.S.C. o inciso do Projecto em que se dizia que o reembolso podia ficar condicionado à verificação de determinadas circunstâncias económicas ou financeiras da sociedade, do qual se podia retirar a consequência de que, afinal, o tribunal podia acabar por não fixar prazo para o reembolso, solução que criticámos.

Os credores por suprimentos não podem requerer, por esses créditos, a falência da sociedade, mas a concordata concluída em eventual processo de falência produz efeitos tanto a favor como contra eles.

Para protecção dos outros credores sociais, a lei determina que, em caso de falência ou dissolução da sociedade, os créditos de suprimentos só podem ser reembolsados depois de satisfeitas as dívidas da sociedade para com terceiros e que não é admissível compensação de créditos da sociedade para com terceiros.

Além disso, são nulas as garantias reais prestadas pela sociedade relativas a obrigações de reembolso de suprimentos.

Não foi acolhida na lei a solução contida no art. 270.º, n.º 5, do Projecto, segundo a qual, antes de dissolvida a sociedade, era proibido o reembolso de suprimentos enquanto o sócio não tivesse liberado a sua quota, mesmo que não estivesse em mora, e bem assim quando fosse afectado o capital social. Tal solução já tinha sido criticada no Anteprojecto de Coimbra, pois, como ali se escreveu, o interesse do sócio credor de suprimentos só pode ser subalternizado quando esteja ameaçada a satisfação integral dos créditos de terceiros sobre a sociedade e esta ameaça apenas se concretiza no processo de falência ou durante a fase de liquidação[46]. Daí que não tenha parecido conveniente adoptá-la.

VIII

Deliberações dos sócios

46. Da matéria das *deliberações dos sócios* ocupam-se os arts. 246.º e segs. (arts. 249.º e segs. do Projecto). A lei começa por enumerar os assuntos que são da competência necessária da assembleia dos sócios (n.º 1), distinguindo-os de outros que apenas são cometidos à assembleia se o contrato social não dispuser diversamente (n.º 2).

Assim, dependem de deliberação dos sócios a chamada e a restituição de prestações suplementares, a amortização de quotas, a aquisição, a alienação e a oneração de quotas próprias e o consentimento para a divisão ou cessão de quotas, a exclusão de

---

[46] No mesmo sentido, A. FERRER CORREIA, *est. cit.*, Sc. Jur. 1986 (n. 43), p. 361.

sócios (nos casos previstos no contrato), a destituição de gerentes e de membros do órgão de fiscalização, a aprovação do relatório de gestão e das contas do exercício, a atribuição de lucros e o tratamento dos prejuízos, a exoneração de responsabilidade dos gerentes e membros do órgão de fiscalização, a proposição de acções pela sociedade contra gerentes, sócios ou membros do órgão de fiscalização, e bem assim a transacção e desistência nessas acções, a alteração do contrato de sociedade, a fusão, cisão, transformação e dissolução da sociedade e o regresso de sociedade dissolvida à actividade. A competência para deliberar sobre tais assuntos é atribuída por lei aos sócios e não pode por estes ser delegada noutro órgão ou pessoas.

Diversamente, quanto aos actos indicados no n.º 2 — designação de gerentes, designação de membros do órgão de fiscalização, alienação ou oneração de bens imóveis, alienação ou oneração e locação de estabelecimento, subscrição ou aquisição de participações noutras sociedades e sua alienação ou oneração — só compete aos sócios deliberar sobre eles se o contrato social não contiver estipulações noutro sentido. Assim, nada impede que se conceda a um sócio o direito de nomear um gerente (mas já não o de o destituir, cfr. o n.º 1, al. d), do cit. art. 246.º) ou à gerência o poder de alienar e onerar imóveis.

47. São três as formas de deliberação dos sócios que o C.S.C. prevê: deliberações unânimes tomadas por escrito com intervenção de todos os sócios (art. 54.º), deliberações por voto escrito e deliberações em assembleia geral (art. 247.º, n.º 1).

A deliberação por voto escrito, já prevista mas insuficientemente regulada — e, talvez por isso, pouco utilizada — na Lei de 1901, está agora minuciosamente regulamentada na lei. Assinale-se que só é lícito recorrer a ela quando todos os sócios forem consultados e nenhum se opuser a que por esta forma se delibere (art. 247.º, n.º 3) e quando não houver nenhum sócio impedido de votar (n.º 8). Assinale-se que a consequência da falta de consulta a algum sócio é a nulidade da deliberação (cfr. o art. 56.º, n.º 1, al. b) [47]. O n.º 7 do art. 247.º foi modificado pelo DL n.º 280/87, que também alterou o art. 59.º, n.º 2, deste modo ficando concordantes as duas disposições.

A terceira forma de deliberação prevista na lei é a deliberação em assembleia geral, estabelecendo o art. 248.º, n.º 1, que se aplica o disposto sobre assembleias das sociedades anónimas, ressalvadas as disposições especiais das sociedades por quotas. Dentre estas, destacam-se:

a) Os direitos atribuídos nas anónimas a uma maioria de accionistas quanto à convocação e à inclusão de assuntos na ordem do dia podem ser exercidos por qualquer sócio de sociedade por quotas.

b) Nenhum sócio pode ser privado de participar na assembleia, ainda que esteja impedido de exercer o direito de voto.

Estas duas normas são manifestação patente do relevo dado às pessoas dos sócios, pois não se exige qualquer percentagem do capital para o exercício de tais direitos.

c) A convocação das assembleias gerais compete a qualquer dos gerentes e deve ser feita por carta registada, expedida com a antecedência mínima de 15 dias, a não ser que a lei ou o contrato exijam outras formalidades ou estabeleçam prazo mais longo.

---

[47] Refira-se a diferença de redacção existente entre o art. 56.º, n.º 1, al. b), que comina a nulidade apenas para o caso em que o sócio não tenha sido convidado a exercer o seu direito, e o art. 76.º, n.º 1, al. b), do Projecto, que considerava nulas as deliberações tomadas fora de assembleia geral, sem observância dos requisitos que a lei considera essenciais. A redacção do Projecto foi justamente criticada por V. LOBO XAVIER, «O regime das deliberações sociais no Projecto de Código das Sociedades», *Temas de direito comercial*, 1986, pp. 12 segs., tendo o legislador emendado a mão.

Na redacção primitiva, estava fixado o prazo mínimo de 10 dias que não era suficiente para cumprir as formalidades previstas na lei quando fosse solicitada por algum sócio a inclusão de assuntos na ordem do dia, após a recepção da convocatória, cfr. o art. 378.º [48]. Daí o seu alargamento para 15 dias, operado pelo DL n.º 280/87.

Lembremos aqui que devem estar presentes nas assembleias gerais os gerentes e os membros do órgão de fiscalização, se o houver, bem como os revisores oficiais de contas que tenham examinado as contas, se for caso disso (art. 379.º, n.º 4, aplicável por força do art. 248.º, n.º 1).

Para além dos indicados e dos sócios ou seus representantes, podem estar presentes outras pessoas se o presidente da assembleia o permitir e a assembleia não revogar a permissão (art. 379.º, n.º 6). Assim se resolveu um problema cuja solução não era pacífica no direito anterior.

48. A representação dos sócios nas deliberações está regulada no art. 249.º. Começamos por destacar o alargamento da possibilidade de escolha do representante, relativamente ao direito anterior. Enquanto no domínio deste o sócio apenas podia fazer-se representar por outro sócio, agora pode conferir a representação ao cônjuge, ascendente ou descendente ou a outro sócio, podendo o contrato permitir ainda outros representantes (n.º 5). Por outro lado, para a representação em determinada assembleia geral basta uma carta dirigida ao respectivo presidente (n.º 4). Como se vê, trata-se de normas destinadas a facilitar o mais possível o exercício do direito de participação do sócio na assembleia geral, sempre que tenha necessidade ou conveniência em fazer-se representar.

---

[48] Para o facto foi chamada a nossa atenção no decorrer do seminário organizado pela Associação Portuguesa de Jovens Advogados, em Novembro de 1986, no Porto, sobre o Código das Sociedades Comerciais.

Não é permitida a representação voluntária em deliberações por voto escrito (n.º 1).

49. Os arts. 250.º e 251.º (252.º e 254.º do Projecto) ocupam-se do *direito de voto* e do *impedimento de voto*, respectivamente. A lei atribui um voto por cada 250$00 de capital, na redacção dada ao n.º 1 do art. 250.º pelo DL n.º 280/87, de 8 de Julho que, deste modo, modificou os 400$00 fixados na redacção primitiva. E bem andou o legislador ao efectuar tal modificação, pois 400$00 era um divisor muito inconveniente que dificultava por vezes a composição das quotas (cfr. o art. 219.º, n.º 3).

É, no entanto, permitida a atribuição, por cláusula do contrato social, de dois votos por cada 250$00 do valor nominal da quota ou quotas de sócio que, no total, não correspondam a mais de 20% do capital (art. 250.º, n.º 2).

As deliberações são tomadas por maioria dos votos emitidos, não se contando as abstenções (art. 250.º, n.º 3).

A lei seguiu a orientação consagrada no Projecto, afastando-se, assim, da preconizada no Anteprojecto de Coimbra. Segundo o disposto no art. 108.º, n.º 1, deste Anteprojecto, os votos contavam-se somando os valores nominais das quotas dos sócios que votassem a favor ou contra determinada proposta, deste modo se evitando a operação artificial de dividir os referidos valores pela quantia a que correspondesse um voto, operação que, na prática corrente, não se efectuava e, certamente, continuará a não se efectuar. Assim se abandonava a orientação da Lei de 1901 que tinha copiado a da lei alemã de 1892 e se seguia a do Projecto alemão. Não foi, todavia, esta a orientação acolhida pelo nosso legislador que preferiu manter a solução tradicional, mais complicada e não observada na prática, repetimos, de dividir o valor nominal da quota por 250$00.

Num ponto mais importante se afastou o legislador do Anteprojecto de Coimbra, ao limitar drasticamente a liberdade das estipulações contratuais sobre a atribuição do direito de voto. Com efeito, a lei apenas permite, como vimos, que se atribuam dois votos por cada 250$00 ao sócio que não detenha mais de 20% do capital. No referido Anteprojecto não existia qualquer restrição neste domínio, sendo lícita a estipulação das cláusulas que melhor conviessem ao caso, sem prejuízo das regras imperativas sobre alteração do contrato (cfr. o cit. art. 108.º, n.º 1) e dissolução da sociedade (art. 137.º, al. *b*)), orientação que era a da lei de 1901 [49]. Trata-se duma solução que não subscrevemos pelas razões longamente expostas em favor da doutrina oposta [50]. Quando muito, aceitaríamos que fosse proibida a privação total do direito de voto dum sócio. Mas não enxergamos motivos que imponham uma limitação tão drástica da autonomia da vontade das partes nesta matéria.

50. O *impedimento de voto* está regulado no art. 251.º O princípio geral é o de que o sócio não pode votar quando, relativamente à matéria da deliberação, se encontre numa situação de conflito de interesses com a sociedade. A lei enumera, a título exemplificativo, algumas hipóteses de conflito:
   a) liberação de uma obrigação ou responsabilidade própria do sócio, quer nessa qualidade, quer como gerente ou membro do órgão de fiscalização:
   b) litígio sobre pretensão da sociedade contra o sócio ou deste contra aquela, em qualquer das qualidades referidas na alínea anterior;
   c) perda pelo sócio de parte da sua quota, quando a sociedade o delibere, em virtude de o sócio não ter liberado tempestivamente a totalidade do capital subscrito;
   d) exclusão do sócio;

---

   [49] Cfr. «A exclusão estatutária», em *Temas* cits. (n. 1), pp. 99 e segs., 130 e segs..
   [50] Cfr. *ob. cit.* na nota anterior, pp. 65 e segs., 99 e segs., 130 e segs..

e) consentimento para que o sócio-gerente possa exercer actividade concorrente com a da sociedade;

f) destituição da gerência ou do órgão de fiscalização, quando fundada em justa causa;

g) qualquer relação estranha ao contrato de sociedade, já estabelecida ou a estabelecer entre a sociedade e o sócio.

Dispõe ainda o n.º 2 do referido art. 251.º que o disposto no número anterior não pode ser preterido no contrato de sociedade, isto é, os casos de impedimento de voto acabados de enunciar não podem ser afastados por cláusula estatutária, mas nada impede que outros sejam previstos no contrato social, desde que a privação do direito de voto não seja contrária aos bons costumes ou à boa fé [51].

O legislador optou pela orientação seguida no Anteprojecto de Coimbra (art. 109.º), em detrimento da que fora acolhida no Projecto (art. 254.º). Com efeito, este definia taxativamente os casos de exclusão legal do direito de voto e não permitia sequer a sua ampliação por cláusula estatutária. O Anteprojecto que, na 1.ª versão, consagrava esta doutrina, afastou-a na segunda, definindo como impeditiva do exercício do direito de voto a situação em que um sócio esteja em conflito de interesses com a sociedade e enumerando, a título meramente exemplificativo, as hipóteses em que o conflito se verifica.

Esta última solução tem sobre a primeira a vantagem da sua maleabilidade que pode garantir uma maior justiça na resolução dos casos concretos, embora tenha de pagar o preço duma relativamente maior incerteza. Por isso a introduzimos na revisão

---

[51] Sobre a aplicação destes princípios em matéria de direito das sociedades, cfr. as indicações dadas na obra acabada de citar, pp. 72 e seg.. Na Alemanha, entende-se que a norma do § 45, II, *GmbHG*, que enumera os casos em que a lei proibe o sócio de exercer o direito de voto, tem carácter supletivo, visto se tratar duma norma estabelecida apenas no interesse da sociedade. Mas a derrogabilidade da norma tem como limite os princípios gerais de direito civil (bons costumes, boa fé, etc.). Cfr. *ob. cit.*, (n. 1), pp. 100 e seg., em nota; SCHILLING, em HACHENBURG, *GmbH-Gesetz*, 7.ª ed., 1979, § 47, n. 78 e segs..

que fizemos e a que aludimos *supra*. Esperamos que os nossos tribunais não experimentem, na aplicação desta norma, as dificuldades que tiveram na aplicação do art. 39.º, § 3.º, da Lei de 1901[52], já que a cláusula geral vem acompanhada daquela enumeração acima referida.

Assinalemos ainda dois pontos. A lei consagra (como já o haviam feito os aludidos Anteprojecto e Projecto) a proibição de o sócio votar quando estiver em causa a sua destituição da gerência ou do órgão de fiscalização, fundada em justa causa, solução que defendemos na vigência do direito anterior[53].

A lei não veda ao sócio o exercício do direito de voto na deliberação sobre a sua remuneração como gerente, como prescrevia o art. 254.º, n.º 1, al. *g*), do Projecto, que apenas exceptuava da proibição os casos em que houvesse mais gerentes e a remuneração fosse igual para todos. Não se viu, com efeito, motivo para alterar a orientação tradicional que era no sentido de permitir que o sócio votasse na deliberação sobre a sua própria remuneração como gerente[54]. No caso de abuso, há o remédio previsto no art. 255.º, n.º 2, que adiante analisaremos.

IX
Gerência e fiscalização

51. Esgotada a matéria relativamente às deliberações dos sócios, regula a lei os *órgãos de gestão* (arts. 252.º a 261.º; arts. 255.º a 264.º do Projecto) e *de fiscalização* (art. 262.º; art. 265.º do Projecto). A lei permite que a sociedade seja administrada por um ou mais gerentes, que podem ser escolhidos de entre sócios ou

---

[52] Cfr. os *Temas* cits. (n. 1), pp. 143 e segs..
[53] Cfr. os *Temas* cits. (n. 1), pp. 200 e segs., 374 e segs., 419 e segs..
[54] Cfr. os *Temas* cits. (n. 1), pp. 419 e segs..

estranhos mas que, em qualquer caso, devem ser pessoas singulares com capacidade jurídica plena. Não autoriza, por conseguinte, a nomeação como gerentes de pessoas colectivas, diversamente do que se passava no direito anterior.

Os gerentes são designados no contrato de sociedade ou eleitos por deliberação dos sócios. Mas o contrato pode prever outras formas de designação, por ex., confiá-la ao órgão de fiscalização ou a um sócio.

O carácter pessoal da gerência está bem acentuado nas regras que determinam que a gerência atribuída a todos os sócios no contrato não se entende conferida aos que só posteriormente adquiram essa qualidade (art. 252.º, n.º 3), que a gerência não é transmissível por acto entre vivos ou por morte, nem isolada, nem juntamente com a quota (art. 252.º, n.º 4) e que os gerentes não podem fazer-se representar no exercício do seu cargo, sem prejuízo de a gerência poder nomear mandatários ou procuradores da sociedade para a prática de determinados actos ou categorias de actos (art. 252.º, n.ᵒˢ 5 e 6).

Se faltarem definitivamente todos os gerentes, a lei atribui poderes de gerência aos sócios até que sejam designados novos gerentes (art. 253.º, n.º 1). Esta norma, que veio regular um ponto que não era pacífico anteriormente [55], constitui mais um índice da tendência personalista da regulamentação legal das sociedades por quotas.

A falta temporária de todos os gerentes e a falta definitiva de um gerente cuja intervenção seja necessária por força do contrato para a representação da sociedade estão previstas e reguladas nos n.ᵒˢ 2 e 3 do art. 253.º.

Os gerentes não podem exercer, por conta própria ou alheia, actividade concorrente com a da sociedade, salvo autorização dos sócios (art. 254.º, n.º 1). A lei equipara ao exercício por conta

---

[55] Cfr. «A dissolução...», nos *Temas* cits. (n. 1), pp. 261 e seg., n. 32.

própria a participação do gerente em sociedade que implique assunção por ele de responsabilidade ilimitada, ou, não sendo este o caso, a participação de, pelo menos, 20% no capital ou nos lucros. O gerente que infrinja a proibição de concorrência, além de ficar obrigado a indemnizar a sociedade pelos prejuízos sofridos, pode ser destituído com justa causa (art. 254.º).

O gerente tem direito a uma remuneração a fixar pelos sócios, salvo disposição do contrato social em contrário (art. 255.º, n.º 1). Se a remuneração atribuída a um sócio-gerente for gravemente desproporcionada quer ao trabalho prestado, quer à situação da sociedade, ela pode ser reduzida pelo tribunal, a requerimento de qualquer sócio (n.º 2). Assim se procurou obviar a abusos do poder de voto de um sócio ou grupo de sócios que podiam ser tentados a aprovar, em seu benefício, remunerações exageradas ou desproporcionadas. A remuneração só pode consistir, total ou parcialmente, numa participação nos lucros, se assim estiver estipulado no contrato social.

52. A *destituição de gerentes* está prevista no art. 257.º (art. 261.º do Projecto) e compete, em princípio, aos sócios que a podem deliberar a todo o tempo. Todavia, a lei permite que a destituição seja dificultada por cláusula do contrato, dando ensejo a uma melhor protecção do interesse dos sócios na manutenção da qualidade de gerente.

Assim, e desde logo, é lícita a cláusula que exija maioria qualificada para a deliberação de destituição do gerente. Mas se a destituição for fundada em justa causa, pode ser deliberada por maioria simples. Diga-se, desde já, que continua válida a asserção, que defendemos na vigência do direito anterior, segundo a qual a designação de um gerente no contrato social não importa, por si só, que a respectiva destituição esteja sujeita ao regime de alteração daquele contrato. Esta ideia estava expressa no art. 94.º, n.º 2, do Anteprojecto de Coimbra e o facto de não ter sido transposta para o texto da nova lei não significa que o legislador a tenha proscrito. Pensou-se, certamente, que se deviam deixar actuar neste domínio as regras gerais em matéria de interpretação dos negócios jurídicos, designadamente as relativas aos negócios formais (art. 238.º do Cód. Civil) [56].

Também é lícita a concessão a um sócio, por cláusula estatutária, dum direito especial à gerência [57]. Nesta hipótese, tal cláusula não pode ser suprimida ou modificada sem consentimento do sócio e, portanto, ele não pode ser destituído contra a sua vontade. Todavia, a lei não deixa desprotegida a sociedade, pois os restantes sócios podem deliberar que a sociedade requeira a suspensão e destituição judicial do gerente, com fundamento em justa causa.

Saber quando ao sócio é concedido um direito especial pode constituir um problema, pois nem sempre a cláusula estatutária de nomeação será inteiramente clara. Há que resolvê-lo em sede de interpretação da cláusula, com observância das normas prescritas para a interpretação dos negócios jurídicos, designadamente para os negócios formais (art. 238.º do Cód. Civil) [58].

Seja qual for a regra legal ou estatutária para a destituição do gerente, qualquer sócio pode requerer a suspensão e a destituição daquele, em acção intentada contra a sociedade, desde que ocorra justa causa.

Sendo apenas dois os sócios da sociedade, a destituição de um deles da gerência, com fundamento em justa causa, só pelo tribunal pode ser decretada, a requerimento do outro. A lei quis

---

[56] Cfr. os cits. *Temas* (n. 1), pp. 386 e segs., 447 e segs..
[57] Solução cuja licitude defendemos na vigência do direito anterior, desde «A exclusão estatutária», em *Temas* cits. (n. 1), pp. 42 e segs., em nota, à qual acabaram por aderir o STJ e a doutrina dominante: cfr. os estudos sobre a destituição de gerente incluídos naquela obra, pp. 190 e segs., 315, 370 e segs., 447 e segs..
[58] Cfr. os cits. *Temas* (n 1), pp. 387 e seg..

evitar que um dos sócios fosse, ao mesmo tempo, acusador e juiz único na decisão sobre a verificação da justa causa e sobre a exoneração do outro gerente (que, recorde-se, não teria direito de voto, cfr. o art. 251.º, n.º 1, al. *f*)).

A lei aponta como exemplos de justa causa de destituição a violação grave dos deveres do gerente e a sua incapacidade para o exercício normal das funções que lhe competem.

Finalmente, prevê-se o direito à indemnização dos prejuízos sofridos pelo gerente destituído sem justa causa. No caso de tal indemnização não estar contratualmente estipulada, estabelece-se um limite, considerando-se que o gerente não se manteria no cargo por mais de quatro anos a contar da data da destituição, se a nomeação foi por tempo ilimitado, ou que apenas se manteria até ao fim do prazo por que fora nomeado, na hipótese inversa.

A lei afastou-se em dois pontos importantes da regulamentação da destitituição do gerente contida no Projecto, aproximando-se da que estava prevista no Anteprojecto de Coimbra (art. 94.º). Com efeito, o Projecto permitia a destituição do gerente, com fundamento em justa causa, por deliberação maioritária dos sócios, fosse qual fosse a estipulação estatutária sobre o assunto, portanto, mesmo que o sócio beneficiasse dum direito especial à gerência.

Criticámos esta opção que, em termos concretos, tratava da mesma maneira todos os sócios que fossem gerentes, reduzia a nada o direito especial à gerência [59]. Escrevemos a este propósito: «Esta solução, que facilita a destituição do gerente em momentos de crise nas suas relações com a sociedade, deixa sem protecção capaz o sócio com direito especial à gerência, que não tem outro recurso que não seja a via da anulação da deliberação».

A nossa crítica foi ouvida e a modificação que introduzimos na revisão a que procedemos foi aceite pelo legislador. Assim,

---

[59] Cfr. os cits. *Temas* (n. 1), pp. 432 e seg..

gozando um sócio do direito especial à gerência, só o tribunal pode pronunciar a sua destituição (art. 257.º, n.º 3).

O segundo ponto em que a lei se afastou do Projecto consiste na previsão de uma acção de destituição de gerentes, que pode ser intentada quer pela sociedade, após deliberação dos sócios, quer por qualquer sócio (art. 257.º, n.ºs 3 e 4). Esta acção de destituição, que já fora reconhecida no direito anterior ao Código, estava também consagrada no Anteprojecto de Coimbra, embora só na primeira modalidade (a segunda era apresentada tão-só como solução alternativa) [60].

Digamos que a admissão de tal acção se apresenta, desde logo, como corolário lógico da solução encontrada para a destituição do sócio-gerente com direito especial. Na verdade, desde que se aceite que só pelo tribunal ele pode ser destituído, é forçoso aceitar que a sociedade possa propor a respectiva acção.

Mas a lei foi mais longe e acolheu a nossa sugestão de conceder a cada um dos sócios a faculdade de propor acção de destituição do gerente, com fundamento em justa causa (que constituía a solução alternativa do Anteprojecto de Coimbra). É certo que esta faculdade abre importante brecha no princípio de que é ao conjunto dos sócios que compete definir, por maioria, o interesse social e que, portanto, deviam ser eles também a decidir soberanamente a proposição ou não da acção de destituição (ao sócio discordante da não proposição restaria apenas o direito de se exonerar da sociedade, caso se verificasse justa causa de destituição do gerente e a assembleia deliberasse não destituir o gerente ou não propor a acção de destituição).

Em nosso modo de ver, todavia, parece-nos mais adequada a solução que afinal veio a ser consagrada na lei. Ela tem por si a tradição jurídica: está consagrada para as sociedades civis (art.

---

[60] Cfr. o citado *Anteprojecto*, art. 93.º da 2.ª redacção (art. 94.º da 2.ª redacção revista), pp. 105 e segs..

986.º do Cód. Civ.) e, na vigência do direito anterior, entendeu-se que valia também para as sociedades por quotas [61], sem que a sua aplicação tenha suscitado quaisquer reticências ou protestos. Chegou até a constar do projecto legislativo donde resultou o DL n.º 154/72, de 10 de Maio, mas não passou para o texto definitivo [62]. Pode constituir um freio à actuação irregular de gerentes que sejam apoiados por um grupo maioritário. Finalmente, não se esqueça que a destituição é decretada pelo tribunal que deverá ponderar todos os interesses em jogo e, inclusivamente, apreciar as razões que tenham levado a maioria a abster-se de propor a acção de destituição. O interesse social ficará, assim, suficientemente defendido, sem necessidade de retirar ao sócio minoritário o direito de reagir individualmente contra situações constitutivas de justa causa para a destituição do gerente.

53. Como é óbvio, o gerente pode renunciar (art. 258.º). A *renúncia* deve ser comunicada por escrito à sociedade e torna-se efectiva oito dias depois de ter sido recebida por esta a comunicação.

Para que a sociedade possa tomar as providências exigidas pela renúncia do gerente, este deve avisá-la com a antecedência conveniente. A lei não define qual o prazo desta antecedência. Tudo depende, pois, das circunstâncias do caso. Se o renunciante não tomar essa precaução, responde pelos prejuízos causados, a não ser que exista justa causa para a renúncia.

---

[61] Cfr. os *Temas* cits. (n. 1), pp. 316 e segs., 372 e segs., 414 e segs.
[62] Cfr. os *Temas* cits. (n. 1), pp. 372 e seg.. Não se esqueça, no entanto, que já o DL n.º 49381, de 15-11-1969, dispunha que se houvesse fundada suspeita de graves irregularidades no exercício das funções dos gerentes, qualquer sócio de uma sociedade por quotas podia denunciar os factos ao tribunal e solicitar a realização de inquérito para o seu apuramento e a adopção das providências convenientes para garantia da sociedade. Provando-se a existência de graves irregularidades, o tribunal podia destituir os gerentes (arts. 47.º, n.º 3 e 29.º).

54. Dispõe o art. 259.º que os gerentes têm *competência* para praticar todos os actos que forem necessários ou convenientes para a realização do objecto social, com respeito pelas deliberações dos sócios. É aos gerentes que compete, portanto, administrar ou gerir a sociedade e representá-la em face de terceiros, praticando todos os actos que se integrem na gestão da empresa social (sem embargo de haver certos actos que estão, em princípio, sujeitos a deliberação dos sócios: a alienação ou oneração de bens imóveis, a alienação, a oneração e a locação de estabelecimento, bem como a subscrição ou aquisição de participações noutras sociedades e a sua alienação ou oneração; cfr. o art. 246.º, n.º 2). Todavia, na sua actuação, eles devem obediência às deliberações dos sócios que podem incidir sobre aspectos concretos daquela. O legislador foi sensível à consideração de que, diversamente do que acontece nas anónimas, os sócios das sociedades por quotas estão frequentemente a par dos problemas da empresa, mesmo quando não são eles os seus dirigentes, e podem, por isso, querer influenciar a sua gestão. Daí o ter prescrito o dever de os gerentes respeitarem as deliberações dos sócios.

Mas o texto legal não foi tão longe como o do art. 255.º, n.º 1, do Projecto, que preceituava que «a orientação das actividades da sociedade compete aos sócios, por meio de deliberações a isso destinadas». Com efeito, aqui colocavam-se em primeiro plano as deliberações dos sócios, podendo surgir a questão de saber como deveriam os gerentes actuar no caso de tal orientação não ser definida por aqueles.

A opção legislativa foi no sentido de proclamar, em primeira linha, a competência dos gerentes, sem prejuízo de reconhecer que estes devem respeitar as deliberações dos sócios quando existam.

O art. 260.º (art. 264.º do Projecto) determina no n.º 1 que os actos praticados pelos gerentes, em nome da sociedade e dentro dos poderes que a lei lhes confere, vinculam-na para com terceiros, não obstante as limitações constantes do contrato social ou resultantes de deliberações dos sócios. As limitações de poderes dos gerentes resultantes do objecto social só podem ser opostas pela sociedade a terceiros se esta provar que o terceiro sabia ou, tendo em conta as circunstâncias ocorrentes, não podia ignorar que o acto praticado não respeitava essa cláusula e se, entretanto, a sociedade não tiver assumido esse acto, por deliberação expressa ou tácita dos sócios.

A regra aqui adoptada era imposta pela 1.ª directiva sobre as sociedades comerciais (68/151/CEE) e visa proteger terceiros que contratem com a sociedade. O princípio que a inspira é o de que os gerentes vinculam a sociedade por todos os actos que pratiquem em nome dela, quer tais actos se compreendam no objecto social, quer dele extravasem. Relativamente aos actos estranhos ao objecto social, a lei apenas autoriza que a sociedade oponha a terceiros a falta de poderes dos gerentes, se ela conseguir provar que o terceiro sabia ou não podia ignorar, dadas as circunstâncias ocorrentes, que o acto não se compreendia naquele objecto. A sociedade também não poderá opor a falta de poderes dos gerentes se tiver assumido o acto praticado, por deliberação expressa ou tácita dos sócios.

Anote-se que não basta que a sociedade prove que o contrato social foi objecto da publicidade prescrita na lei para se furtar às obrigações emergentes dos actos praticados pelos gerentes.

Por outro lado, as indicações ou limitações impostas aos gerentes só valem nas relações internas, nas relações entre a sociedade e os gerentes, não sendo oponíveis a terceiros Se, por ex., a assembleia deliberar que os gerentes não podem concluir contratos de valor superior a 5 000 contos sem o acordo dos sócios, essa deliberação é inoponível a terceiros e apenas constitui o gerente em responsabilidade perante a sociedade.

Os n.ºs 4 e 5 regulam a forma como os gerentes vinculam a sociedade e as notificações e declarações de um gerente à sociedade.

No art 261.º (art. 258.º do Projecto) está previsto o funcionamento da gerência plural. A lei permite que as partes estipulem no contrato o regime que melhor lhes convenha. Pode, por ex., pactuar-se que cada um dos gerentes obriga a sociedade, que é necessária a intervenção de dois, da maioria ou de todos os gerentes. A lei determina que, em qualquer caso, as notificações ou declarações de terceiros à sociedade podem ser dirigidas a qualquer dos gerentes.

Se o contrato social for omisso acerca do funcionamento da gerência, os poderes dos gerentes são exercidos conjuntamente. As deliberações são tomadas por maioria dos votos e a sociedade fica vinculada pelos negócios concluídos pela maioria dos gerentes ou por ela ratificados.

Mas a lei permite que os gerentes deleguem nalgum ou nalguns deles competência para determinados negócios ou espécies de negócios mas, mesmo quanto a esses negócios, os gerentes delegados só vinculam a sociedade se a delegação lhes atribuir esse poder.

55. Da *fiscalização* trata o art. 262.º (art. 265.º do Projecto). A lei deixa que os sócios, no contrato de sociedade escolham entre a existência ou não dum conselho fiscal Se optarem pela afirmativa, fica tal conselho sujeito às disposições previstas a esse respeito para as sociedades anónimas.

Todavia, se a sociedade não tiver conselho fiscal, deve designar um revisor oficial de contas para proceder à revisão legal desde que, durante dois anos consecutivos, sejam ultrapassados dois dos três seguintes limites:

    a) total do balanço: 140 000 contos;
    b) total das vendas líquidas e outros proveitos: 280 000 contos;
    c) Número de trabalhadores empregados em média durante o exercício: 50.

Esta norma resulta da aplicação da 4ª directiva sobre as sociedades comerciais (78/660/CEE).

O legislador veio esclarecer que, relativamente a sociedades por quotas constituídas antes da entrada em vigor do Código, o prazo de dois anos acabado de referir se conta a partir de 1 de Janeiro de 1987.

A designação do revisor oficial de contas não será obrigatória se a sociedade passar a ter conselho fiscal ou se, durante dois anos consecutivos, não se verificarem dois dos três requisitos acima mencionados.

À falta de designação e às incompatiblidades do revisor, assim como ao exame e relatório do mesmo, aplicam-se as disposições das sociedades anónimas.

X

Apreciação anual da situação da sociedade

56. O *relatório de gestão* e os *documentos de prestação de contas* devem estar patentes aos sócios na sede da sociedade, a partir do dia em que seja expedida a convocação da assembleia destinada a apreciá-los, devendo os sócios ser avisados desse facto na própria convocação (art. 263.º; art. 266.º do Projecto). Os sócios podem consultar esses documentos e relatório e podem fazer-se assistir por um revisor oficial de contas ou por outro perito, bem como usar da faculdade prevista no art. 576.º do Cód. Civil (reprodução dos documentos consultados), nos termos do art. 214.º, n.º 4, para o qual remete expressamente o art. 263.º, n.º 1.

A lei introduz uma importante inovação no n.º 2 do art. 263.º: quando todos os sócios forem gerentes e todos assinarem, sem reservas, o relatório de gestão, as contas e a proposta sobre aplicação de lucros e tratamento de perdas, não é necessário deliberar sobre tais matérias. A lei contenta-se com a aprovação daqueles documentos, decorrente do facto de todos os sócios os terem assinado. No fundo, trata-se duma deliberação unânime tomada por escrito.

Exceptuam-se deste regime, por razões óbvias, as sociedades com conselho fiscal e as sociedades sujeitas à revisão legal de contas, nos termos previstos no art. 263.º, n.º 2 [63].

Se houver empate na votação sobre a aprovação de contas ou sobre a proposta da distribuição de lucros, qualquer sócio pode requerer a convocação judicial da assembleia para que se proceda a uma nova apreciação da matéria em discussão. A convocação judicial da assembleia tem por fim permitir que o juiz nomeie para presidir uma pessoa idónea, estranha à sociedade, de preferência um revisor oficial de contas, que terá o poder de desempatar, se voltar a verificar-se empate na votação. A norma inspira-se numa inovação introduzida no nosso direito pelo DL n.º 154/72, de 10 de Maio, que, tanto quanto sabemos, não foi muito utilizada na prática. Mas não merece dúvida que a solução pode ser útil e ajudar a desbloquear situações de crise. Para poder usar os poderes que a lei lhe oferece com conhecimento de causa, a pessoa designada pelo juiz pode exigir da gerência ou do órgão de fiscalização que lhe sejam facultados os documentos sociais cuja consulta considere necessária para seu esclarecimento, e bem assim que lhe sejam prestadas as informações de que careça.

Se a sociedade estiver sujeita à revisão legal prescrita no n.º 2 do art. 262.º, os documentos de prestação de contas e o relatório de gestão devem ser submetidos a deliberação dos sócios, acompanhados da certificação das contas e do relatório do revisor oficial de contas.

A lei dispensa do depósito do relatório de gestão e dos documentos de prestação de contas no registo comercial as

---

[63] Por lapso manifesto, o n.º 2 do art. 263.º exceptua as sociedades abrangidas pelos n.ᵒˢ 4 e 5 do mesmo artigo, quando é certo que queria referir os n.ᵒˢ 5 e 6.

sociedades que não ultrapassem dois dos limites fixados no art. 262.º, n.º 2, ou seja, o depósito só é obrigatório para as sociedades que estão sujeitas à revisão legal.

XI

Alterações do contrato

57. À *alteração do contrato* de sociedade aplicam-se as regras da parte geral (arts. 85.º e segs.), combinadas com as relativas a cada tipo de sociedade. Assim, há que ter em conta as duas espécies de regras.

As normas específicas das sociedades por quotas respeitam à deliberação de alteração (art. 265.º; art. 240.º do Projecto) e ao aumento do capital (arts. 266.º a 269.º; arts. 241.º a 244.º do Projecto).

A lei exige para a deliberação de alteração do contrato uma maioria de três quartos dos votos correspondentes ao capital social, se não estiver estatutariamente estipulada uma maioria de votos superior. Era esta a doutrina anteriormente em vigor. A regra vale ainda para as deliberações de fusão, de cisão e de transformação da sociedade.

Além disso, permite que no contrato se conceda a um sócio o direito de se opor a qualquer alteração, como direito especial de carácter pessoal.

58. Diversamente do que se passava no direito anterior, a lei consagra o direito de preferência dos sócios nos aumentos de capital a realizar em dinheiro (art. 266.º, n.º 1). A justificação é simples: o direito de preferência permite que o sócio conserve a sua posição relativa na sociedade, quer no que toca ao poder de voto, quer no respeitante ao valor da participação.

Apesar da valia das razões invocada em favor da consagração legal do direito de preferência dos sócios nos aumentos do capital, o Anteprojecto de Coimbra não tinha seguido essa via, aqui se afastando do Projecto alemão. Ponderou-se nesta opção que a exigência da aprovação da proposta de aumento do capital por três quartos dos votos correspondentes ao capital constituía garantia suficiente dos interesses dos sócios: se uma tal maioria votasse a subscrição da totalidade ou de parte do aumento por terceiros, haveria uma forte presunção da existência dum sério interesse social na admissão destes. Mas não custa aceitar que a solução adoptada garante eficazmente os aludidos interesses dos sócios.

A lei atribui a cada sócio uma quota no aumento proporcional ao montante da sua participação no momento da deliberação. O sócio pode, porém, subscrever uma participação inferior. Os sócios que o desejem, podem ainda beneficiar, rateadamente, da parte do aumento não subscrita pelos outros sócios.

O direito de preferência não pode ser limitado nem suprimido, salvo por deliberação dos sócios, desde que o interesse social o justifique. Se a proposta de limitação ou de supressão partir da gerência, esta deve submeter à assembleia um relatório escrito donde constem a justificação da proposta, o modo de atribuição das novas quotas, as condições da sua liberação, o preço de emissão e os critérios utilizados para a determinação desse preço (art. 460.º, para onde remete o art. 266.º, n.º 4)

A lei permite que o direito de preferência seja alienado, desde que a sociedade o consinta (art. 267.º, n.º 1). Por um lado, protege-se o interesse patrimonial do sócio que não concorra ao aumento; por outro, defende-se a sociedade da intromissão de estranhos, sujeitando a alienação do falado direito ao mesmo requisito a que está sujeita a cessão de quotas. É, de resto, a própria lei que remete para a disciplina da cessão no tocante à dispensa, concessão ou recusa do consentimento (n.ºs 2 e 3 do art. 267.º).

O caso especial de a quota estar sujeita a usufruto está previsto no art. 269.º: o direito de participar no aumento será exercido pelo titular da raiz ou pelo usufrutuário ou por ambos, nos termos em que entre si acordarem. Deixa-se aqui actuar a autonomia da vontade.

Se não houver acordo entre os interessados, o direito de preferência é atribuído, em primeira linha, ao titular da raiz. Se este não declarar que deseja subscrever a quota em prazo igual a metade do fixado para a subscrição, o direito devolve-se ao usufrutuário. A nova quota fica a pertencer em propriedade plena àquele que tiver exercido o direito de participar no aumento, quer seja o titular da raiz, quer seja o usufrutuário. Podem, todavia, os interessados acordar em que a nova quota fique sujeita a usufruto, solução que poderá facilitar a concorrência de ambos ao aumento.

XII

Dissolução da sociedade

59. Analisámos noutro lugar [64] o regime geral da *dissolução* que se aplica a todas as sociedades comerciais e, portanto, também às sociedades por quotas. A norma do art. 270.º, n.º 1, dispõe sobre a deliberação de dissolução e determina que tal deliberação deve ser tomada por maioria de três quartos dos votos correspondentes ao capital social, a não ser que o contrato social exija uma maioria mais elevada ou outros requisitos.

---

[64] «A parte geral do Código das Sociedades Comerciais», separata do número especial do BFDC, *Estudos em Homenagem ao Prof. Doutor A. Rodrigues Queiró*, 1988, p. 40 e segs..

A solução era controvertida no domínio do direito anterior, tendo nós defendido que o art 42.º, § 1.º, da Lei de 11.04.1901, devia ser interpretado no sentido da orientação que o actual Código consagra e que vinha proposta em todos os anteprojectos [65].

O n.º 2 do mesmo artigo acrescenta que não pode atribuir-se a um sócio ou grupo de sócios, no contrato social, o direito de dissolver a sociedade. O legislador quis deixar bem clara a ideia de que a dissolução da sociedade é uma decisão com consequências graves, geradora de instabilidade na empresa e susceptível de levar à sua extinção, razão pela qual não deve ser deixada ao arbítrio da simples maioria do capital ou, pior ainda, duma qualquer minoria [66]. Sem embargo, a própria lei reconhece que, em certas circunstâncias, é legítimo conceder ao sócio o direito de requerer a dissolução da sociedade, mas só em desespero de causa (cfr., v. g., os arts 240.º, n.º 5 e 242.º, n.º 5 [67]).

---

[65] Cfr. «A dissolução da sociedade por quotas», em *Temas* cits. (n. 1), pp. 249 e segs..

[66] Não se entende, assim, que o Projecto alemão, depois de ter consagrado a exigência imperativa de três quartos dos votos expressos para a deliberação de dissolução, admita a possibilidade de ao sócio ser estatutariamente concedido o direito de denunciar o contrato, esclarecendo, todavia, que, na dúvida, este direito deve ser entendido como um direito de exoneração (cfr. *est. cit.* na n. 65, pp. 274 e seg.).

[67] Cfr. o interessante caso julgado pelo STJ, no acórdão de 6-10-1981, *est. cit.* na n. 65, pp. 277 e seg., publicado na RLJ 117.º, pp. 113 e segs., 149 e segs., com anotação de ANTUNES VARELA, e na RDE 9.º (1983), pp. 273 e segs., com anotação de FERRER CORREIA e VASCO LOBO XAVIER.

ÍNDICE

INTRODUÇÃO

1. Distinção entre sociedades de pessoas e sociedades de capitais 5
2. Estrutura legal do tipo 6
3. Qualificação da sociedade por quotas 8
4. Critério adoptado 9
5. A sociedade por quotas no direito anterior e no direito vigente . . . 10
6. Dados estatísticos sobre as sociedades 13

§ 1.º
SOCIEDADES EM NOME COLECTIVO

I
Características e contrato

7. Características gerais e constituição 16
8. Falta de registo 18
9. Invalidade do contrato 19
10. Proibição de concorrência. Direito à informação 20
11. Transmissão *inter-vivos* e execução da quota 21
12. Transmissão *mortis-causa* da quota 22

II
Deliberações dos sócios e gerência

13. Deliberações dos sócios 23
14. Gerência da sociedade 24

II
Alterações do contrato

15. Alterações do contrato 25

IV
Dissolução e liquidação da sociedade

16. Casos específicos de dissolução da sociedade em nome colectivo   25

§ 2.º
SOCIEDADES POR QUOTAS

I
Características e contrato

17.	Características gerais e constituição	27
18.	Sociedades entre cônjuges	28
19.	A aplicação do art. 8.º do C.S.C. às sociedades entre cônjuges anteriormente constituídas	29
20.	Carácter taxativo das causas de nulidade previstas no C.S.C.	30
21.	Natureza interpretativa do art. 8.º do C.S.C.	33
22.	Transposição da 1.ª directiva CEE sobre as sociedades comerciais	36
23.	Menções do contrato e firma	38
24.	Falta de registo	40
25.	Invalidade do contrato	41

II
Obrigações e direitos dos sócios

1. Obrigação de entrada

26.	Entradas dos sócios	43

2. Obrigações e prestações acessórias

27.	Obrigações e prestações acessórias	45

3. Prestações suplementares

28.	Prestações suplementares	45

4. Direito à informação

29.	Direito à informação	46

5. Direito aos lucros

30.	Direito aos lucros	47

III
Quotas

1. Unidade, montante e divisão da quota

31.	Unidade, montante e divisão da quota	49

2. Contitularidade da quota

32. Contitularidade da quota 50

3. Transmissão da quota

33. Transmissão *mortis-causa* da quota 51
34. Transmissão *inter-vivos* da quota 52

IV
Amortização da quota

35. Amortização da quota 54
36. Contrapartida da amortização 56
37. Intangibilidade do capital e da reserva legal 56
38. Consequência da amortização 56
39. Amortização parcial 57

V
Execução da quota

40. Execução da quota 58

VI
Exoneração e exclusão de sócios

41. Exoneração de sócios 59
42. Exclusão de sócios 60

VII
Contrato de suprimento

43. Situação do direito anterior 61
44. Definição do contrato 62
45. Regime do contrato 63

VIII
Deliberações dos sócios

46. Matérias sujeitas a deliberação 64
47. Formas de deliberação 65
48. Representação dos sócios na assembleia 67
49. Direito de voto 68
50. Impedimento de voto 69

IX
Gerência e fiscalização

51. Nomeação dos gerentes 71
52. Destituição dos gerentes 73
53. Renúncia à gerência 77
54. Competência dos gerentes 78
55. Fiscalização 80

X
Apreciação anual da situação da sociedade

56. Apreciação e aprovação do relatório de gestão e dos documentos de prestação de contas 81

XI
Alterações do contrato

57. Alteração do contrato 83
58. Aumento do capital e direito de preferência do sócios 83

XII
Dissolução da sociedade

59. Casos específicos de dissolução da sociedade por quotas 85

Composto e impresso na G. C. - Gráfica de Coimbra
Dezembro de 1988 — 2500 ex.
Dep. legal n.º 2896/83